银行业信息化年度成果报告
(2017)

杨 竑 主编

中国金融出版社

责任编辑：吕　楠
责任校对：孙　蕊
责任印制：程　颖

图书在版编目（CIP）数据

银行业信息化年度成果报告（2017）/杨竑主编．—北京：中国金融出版社，2018.10

ISBN 978-7-5049-9928-3

Ⅰ．①银…　Ⅱ．①杨…　Ⅲ．①银行业—产业信息化—研究报告—中国—2017　Ⅳ．①F832.3

中国版本图书馆 CIP 数据核字（2018）第 303071 号

银行业信息化年度成果报告（2017）
Yinhangye Xinxihua Niandu Chengguo Baogao（2017）

出版
发行　中国金融出版社

社址　北京市丰台区益泽路 2 号
市场开发部　（010）63266347，63805472，63439533（传真）
网上书店　http://www.chinafph.com
　　　　　（010）63286832，63365686（传真）
读者服务部　（010）66070833，62568380
邮编　100071
经销　新华书店
印刷　保利达印务有限公司
尺寸　169 毫米 × 239 毫米
印张　8
字数　85 千
版次　2018 年 10 月第 1 版
印次　2018 年 10 月第 1 次印刷
定价　49.00 元
ISBN 978-7-5049-9928-3

如出现印装错误本社负责调换　联系电话（010）63263947

本书编委会

主　　　编： 杨　竑

咨询委员会：（按姓氏笔画排序）

于亚利　王敬东　关文杰　李　伟
李　杰　张青松　庞秀生　赵　欢
郭党怀　曹秀痕　蔡　东

编写组组长： 刘国建

编写组副组长： 钱　宏　周祥昆

编写组成员：（按姓氏笔画排序）

王　彬　王　燕　王亚博　邓　猛
石　凯　史晨阳　白玉娜　邢桂伟
吕仲涛　朱玉红　任　斐　刘　妍
刘秋万　孙智君　寿弘宇　李　慧
李　璠　李海宁　吴平凡　吴永飞
张　旻　张媛媛　陈云望　奇兰涛
金磐石　周起文　赵乔伟　徐　伟
曹　瑜　梁　凯　隋　嵩　韩国新
曾海彬　谢　晋　谢建芳　虞　瑾
谭　波

序 言

党的十八大以来，我国经济发展进入新常态，经济结构持续调整优化，金融改革深入开展，新兴金融业态快速兴起。银行业又一次迎来了转型的关键时期，需要不断调整经营战略和发展思路，提高金融服务质量，增强风险防控能力，提升国际化、市场化、综合化水平。为此，银行机构不断增强信息科技的技术实力和创新能力，在坚守金融安全底线的同时，运用现代信息技术创新业务模式和管理模式，推动经营转型。银行业信息化正从传统的支持保障角色逐渐转变为引领者和价值创造者，担负起更重要的历史使命。

近年来，遵循"安全发展"的指导思想，银行业信息化工作主要围绕业务连续性、风险管控、IT架构、决策支持、运维管理、产品创新等领域展开，呈现出六大特点：一是重视关键信息基础设施的灾备建设，安全稳定运行实现新突破；二是注重流程改造和管理变革，"科技创新引领业务发展"态势明显；三是紧贴国家和行业发展方向，注重服务于国家战略；四是广泛应用先进技术，出现了一大批基于大数据、云计算、物联网、移动金融等技术的创新成果；五是新兴业态广泛涌现，体现了传统金融与互联网金融融合的趋势；六是贴近地方民生，体现区域特色，地方性金融机构科技创新体系整体效能稳步提高。

安全是发展的基础。习近平总书记在网络安全和信息化工作座谈会上明确指出，金融等领域的关键信息基础设施是经济社会运行的神经中枢，是网络安全的重中之重。面对日益严峻的网络安全形势，银行业围绕信息安全保障工作，积极运用云计算、分布式等技术开展重要系统改造，加强关键信息基础设施的灾备建设，强化生产运维管理，持续提升金融网络安全防护能力，积累了大量具有行业借鉴意义的成功经验。

发展是解决问题的关键。随着互联网经济和信息技术的快速发展，以移动互联、云计算、大数据等为代表的新兴信息技术与银行业务加速融合，银行机构积极运用现代信息技术推动基础服务转型和业务创新，涌现出大量行业优秀成果。一方面，通过改进业务模式、优化服务流程、强化信用管理，不断加大基础金融服务的覆盖面，提升其精准性和便利性，为更好地服务实体经济、发展普惠金融、推动供给侧结构性改革打下基础。另一方面，加强金融产品和服务创新，催生大量新型金融服务需求，全面提升金融服务能力，为社会公众提供更丰富、安全、便捷的金融服务。同时，随着金融科技的发展，积极探索互联网金融服务创新模式，以更加低廉和实惠的成本，快速高效地满足各种金融服务需求，更好地为实体经济发展提供有效的金融支撑。

为及时总结和分享银行信息科技的发展成果，展现其在深化金融体制改革和促进金融服务发展方面带来的经济效益和社会效益，加深社会各界对金融信息化的认知和理解，中国人民银行组织编制出版《银行业信息化年度成果报告》。本书以具有代表性的年度银行业科技成果为突破点，结合专家点评，总结了银行信息科技一年来的发展成果，展望了技术发展趋势，为将来的金融创新提供参考和借鉴。未来，银行业科技部门将继续努力，应对新的挑战，为中国银行业的改革发展与经营转型提供更强大的技术保障和引领。

目　　录

第一章　顺应国家全球化战略，加快人民币国际化步伐 ………… 1
 第一节　推进全球化基础设施建设，适应跨境金融新需求 …… 2
  一、以科技建设为基石，推进全球化金融服务体系建设 …… 2
  二、以创新转型为驱动，重构境内外一体化全业务系统 …… 5
 第二节　提升全球化金融服务能力，迎接技术发展新浪潮 …… 7
  一、加强金融与科技创新，发展多元化的全球金融交易体系 …………………………………………………………… 7
  二、深化金融与科技融合，构建专业化的国际交易监控系统 …………………………………………………………… 10
  三、推进金融信息化建设，用最佳实践的顶层设计助力"一带一路"倡议 ………………………………………… 12
 第三节　构建全球支付清算网络，促进人民币国际化新发展 ………………………………………………………………… 14
  一、破解支付难题，建设人民币全球支付的金融基础 …… 14
  二、发展业务与技术创新，促进人民币国际化新发展 …… 15
 第四节　小结 ……………………………………………………… 17

第二章　完善高效金融供给，提升服务实体经济水平 …………… 18
 第一节　推进创新，丰富金融产品与服务供给 ………………… 18

一、大力开展产品创新，丰富金融供给种类 ………………… 19
　　二、推动业务流程创新，拓展延伸金融服务 ………………… 22
　第二节　提质增效，促进银企和谐共赢发展 ………………………… 26
　　一、完善价格管控机制，提升综合定价管理服务水平 ……… 26
　　二、持续提高服务质效，增强服务实体经济内生动力 ……… 27
　第三节　小结 …………………………………………………………… 30

第三章　打造金融新业态，大力发展普惠金融 ……………………… 31

　第一节　开放共享，打造金融新业态 ………………………………… 32
　　一、改变传统金融模式，培育金融新生态 …………………… 32
　　二、深化多渠道融合发展，细化金融场景建设 ……………… 37
　　三、完善 API 开放平台，实现金融生态合作共赢 …………… 38
　第二节　普惠金融，提升金融服务获得感 …………………………… 40
　　一、拓展金融服务领域，普惠社会群体 ……………………… 41
　　二、促进小微企业发展，提振实体经济 ……………………… 43
　　三、鼓励"互联网+三农"创新，降低融资成本 …………… 45
　第三节　小结 …………………………………………………………… 46

第四章　构筑多层级风控体系，保障金融业务稳健发展 …………… 48

　第一节　完善风险防范机制，加强金融信息保护 …………………… 48
　　一、防范支付风险，保障资金安全 …………………………… 49
　　二、应用国密算法，增强交易安全 …………………………… 51
　第二节　创新风险管理手段，支撑业务稳健发展 …………………… 53
　　一、运用数据分析，支持风险预警 …………………………… 53
　　二、打造管理工具，提升风控能力 …………………………… 54

第三节　完善科技风险防护体系，保障银行业务连续性……… 56
　一、创新识别方法，构建风险基础库……………………… 56
　二、防范 IT 风险，提升业务连续性……………………… 57
第四节　小结………………………………………………………… 59

第五章　强化基础服务能力建设，推进银行核心系统升级……… 60
第一节　优化系统架构，提升银行业务服务能力与竞争力…… 61
　一、深化 SOA 企业架构，打造新核心系统……………… 61
　二、业务组件化与流程化，支持产品快速创新………… 63
　三、构建以客户为中心体系，助力营销提升…………… 66
　四、探索应用新架构，支持业务"互联网+"与国际化… 69
第二节　加强技术创新，提高核心系统服务与自主研发
　　　　能力…………………………………………………… 71
　一、构建融合式体系架构，增强系统处理能力………… 71
　二、丰富技术创新举措，提升系统可用性……………… 72
　三、推动技术自主可控，支持业务可持续发展………… 74
第三节　小结………………………………………………………… 76

第六章　加强基础技术研究应用，支撑银行业可持续发展……… 77
第一节　研究应用分布式技术，提升银行业务运营能力……… 77
　一、提高系统可用性，降低 IT 运营成本………………… 78
　二、践行安全可控战略，突破产品技术壁垒…………… 81
第二节　挖掘数据服务价值，发挥洞察分析能力……………… 83
　一、搭建一体化数据处理平台，创新数据处理模式…… 83
　二、转化数据资产价值，赋能银行经营管理…………… 84

第三节　积极运用前沿技术，提升软件自主研发能力 …………… 87
　　　一、研究数据虚拟化技术，建立金融交易场景模型 …………… 88
　　　二、探索核心技术国产化，实现关键设备示范应用 …………… 89
　　第四节　小结 …………………………………………………………… 91

第七章　创新科技运营管理模式，全面提升科技支撑效能 ………… 92
　　第一节　健全应用研发管理机制，提升系统建设质量 …………… 92
　　　一、建立非功能需求标准体系，填补领域空白 ………………… 93
　　　二、创新项目测试管理策略，提高系统建设效率 ……………… 94
　　　三、建立产品质量评价模型，优化项目管理与客户体验 ……… 96
　　第二节　打造综合运维管理平台，提高运维自动化水平 ………… 97
　　　一、应用智能化技术，全面创新运维模式 ……………………… 97
　　　二、实践DevOps理念，探索开发运维一体化 ………………… 100
　　第三节　小结 ………………………………………………………… 101

第八章　提升人民币核心技术，创新现金制造与服务 ……………… 103
　　第一节　加强核心技术研究，推动产品优化提升 ………………… 103
　　第二节　丰富现金制造工艺，提高设备研制水平 ………………… 105
　　第三节　前沿领域交叉融合，探索防伪技术新趋势 ……………… 110
　　第四节　小结 ………………………………………………………… 112

结束语 ……………………………………………………………………… 113

后　记 ……………………………………………………………………… 116

第一章　顺应国家全球化战略，加快人民币国际化步伐

国家发展战略深刻影响着实体经济的增长及结构，决定着金融需求规模，对于银行业市场环境和业务空间发展意义重大。回顾世界金融史，积极跟随国家发展战略是银行业做大做强的根源所在。目前中国经济体量已居世界第二，对外开放程度持续提升，中国以更加开放的姿态走向世界，将赋予经济全球化更加平等、更加可持续发展的新内涵。

当前，国民经济和社会发展进入"十三五"时期，处于实现全面建成小康社会"第一个百年目标"的决胜阶段，是深化各领域改革的关键一程。经济发展进入新常态，银行监管日趋规范，利率市场化持续推进，金融脱媒不断加剧，信息技术日新月异，银行经营面临重大机遇和挑战。在深刻变化的经营形势和时代发展中，国内各商业银行牢牢把握中国对外开放的新格局、"一带一路"为主轴的新市场、人民币国际化带来的新商机以及移动互联时代的新浪潮四大发展新机遇，积极顺应国家战略规划，始终将全球化相关信息科技项目建设作为重要抓手，以适应大国崛起跨境金融新需求，满足全球客户更加丰富的多元化金融服务需求，助力更多中国企业"走出去"。

第一节　推进全球化基础设施建设，适应跨境金融新需求

近年来，国家"一带一路"倡议实施、亚太自由贸易区建设、人民币国际化进程加快、利率市场化启动、中国企业"走出去"步伐加快为中资银行参与国际金融竞争、重塑世界金融格局提供了历史性机遇。银行国际化是全球大型商业银行保持发展和增强竞争力的重要选择，也是中国银行业实现战略转型及应对国际竞争的内在要求，巩固传统国际化业务优势、深耕海外市场业务已然成为中国银行业最为重要的战略选择。在当前全球范围内信息技术日新月异的大背景下，金融行业全球化市场竞争和生存发展格局发生重大改变，各商业银行都以信息科技建设为基石推进全球化金融业务，开启了信息科技全球化建设的新篇章。

一、以科技建设为基石，推进全球化金融服务体系建设

作为一家深耕海外的百年银行，中国银行的全球化步伐起步于1929年的伦敦，这也是中国金融业全球化发展迈出的第一步。多年来，全球化早已根植在百年中国银行的血脉之中，经过几代人的耕耘建设，截至2016年末，中国银行海外机构覆盖全球50余个国家和地区，总资产占比集团资产30%左右。

在全球化发展的过程中，信息科技建设一直是中国银行走向世界的有力抓手。2006年至2011年，中国银行举全行之力完成境内IT蓝图工程，实现了数据全国集中和版本高度统一，推动了从"以账

户为中心"向"以客户为中心"的重大转变,实现了信息科技跨越式发展。进入后蓝图时代,中国银行进一步加大全球机构布局,着力构建以客户为中心、以市场为导向、以科技为引领的全球服务体系(图1-1-1)。在此背景下,全球化系统建设项目作为中国银行全球一体化信息科技建设的核心工程,于2016年3月在美洲地区成功推广。这是继2013年亚太地区、2014年欧非地区成功推广后,中国银行全球信息科技建设的又一座里程碑。至此,覆盖全球30多个国家与地区50余个机构的海外信息系统逻辑集中至北京数据中心,实现了全球范围内的渠道共享和统一的客户管理与分析,实现对多国家、多市场、多货币、多语言、多时区的全业务价值链支持,满足不同国家的差异化监管环境、客户群体及文化差异的需求。海外

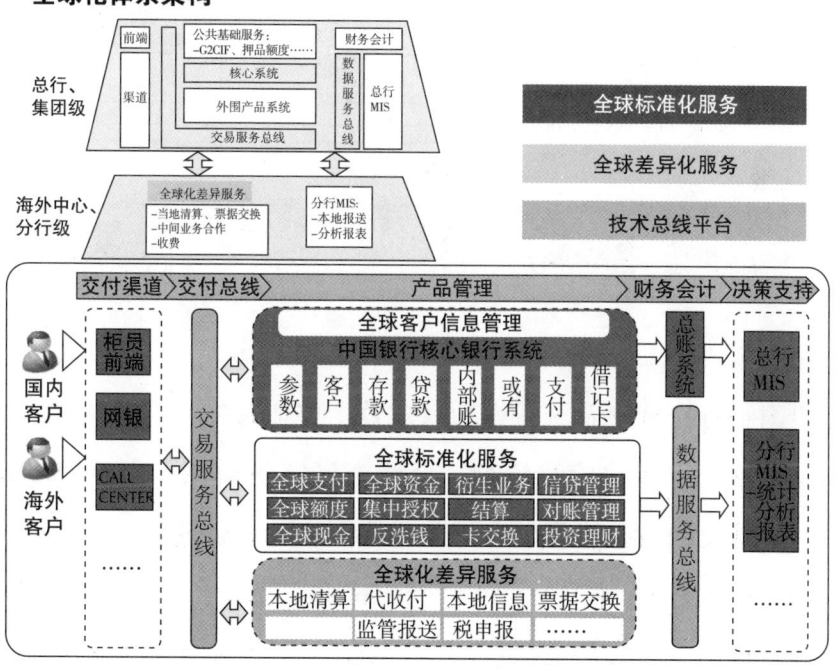

图1-1-1 中国银行全球化系统建设项目架构

信息系统实现系统版本统一、集中部署和运营管理一体化,标志着中国银行在国内同业中率先构筑起7×24小时不间断的全球一体化运维优势(图1-1-2)。中国银行全球信息科技一体化的成功建设,将为中国银行全球客户提供更加完善、高效、多元的优质服务,为继续巩固扩大中国银行国际化优势提供了有力的支持和保障,将对中国银行参与全球金融竞争产生深远影响。

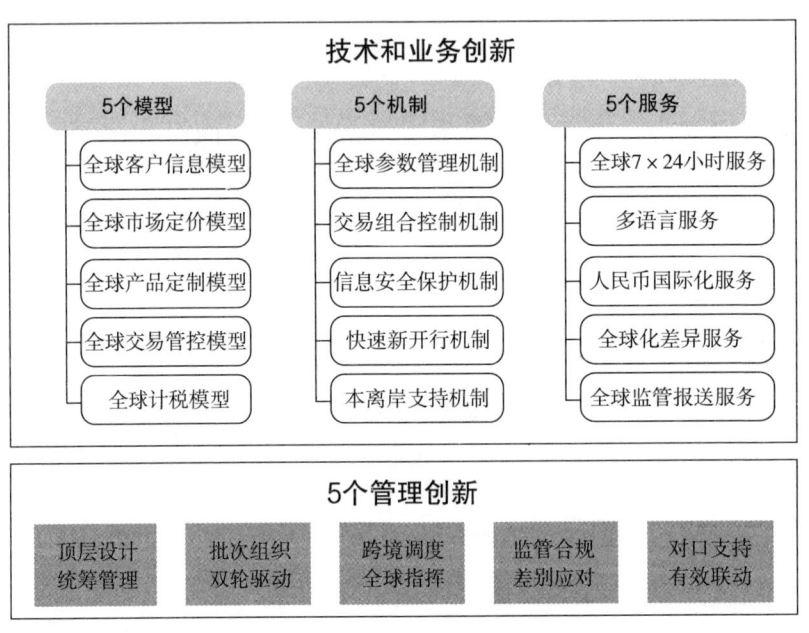

图1-1-2　中国银行全球化系统建设创新

中国银行全球化系统建设项目成效主要体现在:一是构建起5个模型,包括全球客户信息模型、全球市场定价模型、全球产品定制模型、全球交易管控模型、全球计税模型;二是创建了5个机制,包括全球参数管理机制、交易组合控制机制、信息安全保护机制、快速新开行机制、本离岸支持机制;三是凸显5个服务,包括全球7×

24小时服务、多语言服务、人民币国际化服务、全球化差异服务和全球监管报送服务；四是取得5个创新，包括顶层设计、统筹管理、批次组织、双轮驱动、跨境调度、全球指挥、监管合规、差别应对、对口支持、有效联动。

中国银行全球化系统建设项目不仅为客户提供更加完善、高效、多元的优质服务，也为继续巩固扩大中国银行国际化领先优势提供有力的支持保障，其成果更有效地扩充了中国银行业务功能，有力地支持了人民币清算行等集团重要战略的落地，是中国银行信息系统的一次重大自我革新。中国银行全球化系统建设项目也为跨国银行的全球化IT系统规划提供了一个值得参考的先例，用实践证明了国际化银行建设全球化系统是技术可行且效益明显的，为全球化IT系统规划贡献更多更好的"中行方案"，为国家的"一带一路"、人民币国际化等做出了突出贡献。

二、以创新转型为驱动，重构境内外一体化全业务系统

为适应全球经济、金融一体化的发展趋势，交通银行明确提出"两化一行"发展战略，即"走国际化、综合化道路，建设以财富管理为特色的一流公众持股银行集团"。在实施改革创新、转型发展的工作目标下，交通银行启动了全集团境内外新一代业务系统建设项目（以下简称"531"工程）。该工程通过境内外一体化全业务系统重构，发挥综合化牌照经营优势，满足集团化经营要求，实现国际化、综合化，将境内外联动业务的研发推广作为未来提高集团化整体优势的重要环节，是全行转型发展的头号工程和基础性工程。

"531"工程涵盖交通银行境内外所有分行的业务系统，实现了

全球客户的统一管理，多时区、多语言满足各国本地化营运要求，是全行系统实现数据逻辑集中后的一次革命性转变，是在不影响境内全行业务正常运行的前提下进行的，从业务需求提出、开发测试直至 2015 年 9 月全部投产正式运营，其难度可谓交通银行内部的"登月"工程。"531"工程的整体架构设计完全自主研发，采用了模型驱动的设计理念，并由此推导设计出全行八大应用系统体系。使用拥有自主知识产权的通用的企业级多功能系统（以下简称 GEMS）和 Java 统一多用途平台（以下简称 JUMP），各新建系统都在此基础平台上统一开发实施。基于前台交易系统的数据整合，构建了基于大数据的数据服务体系，以实现对"数据"资产的再分析与再利用，从而达到决策支持与运营提升的目标。该项目在构建和实施"安全高效、自主可控"信息系统战略中，对底层核心和关键技术平台自主研发进行了积极、有效探索。

"531"工程自提出之日起，首先选取澳门分行作为大陆地区外首家分行试点，并陆续完成台北分行、离岸业务中心系统上线。境内行的"531"工程也在深圳分行成功投产运行，之后分为 10 个批次有序推广完成整个境内行的系统投产。

"531"工程，交通银行继数据大集中之后的信息化建设又一里程碑。从上线后的情况来看，该工程改善了客户体验，提高了前台效率，加快了产品创新，强化了风险管控，为集团一体化发展提供了强大科技支撑。

第二节　提升全球化金融服务能力，迎接技术发展新浪潮

当前，全球范围内移动互联、大数据、区块链以及人工智能等新技术呈现出广泛应用、深度融合和快速响应的显著特征。面对快速发展、深刻变革的形势与挑战，传统商业银行亟须走出同质化竞争的困境，致力于依托信息技术构建面向未来的全新客户服务模式，推动自身经营管理模式转型变革，聚焦传统金融服务的智能化、网络化，着力提升全球化金融服务能力，以建立起差异化竞争优势，探索商业银行未来可持续发展的全新道路。

一、加强金融与科技创新，发展多元化的全球金融交易体系

在全球化发展的过程中，大型商业银行凭借自身的综合业务与经验优势，利用产品线丰富的特点，依托新技术的广泛应用，在国际金融市场开发出覆盖面更广、功能更完善、关联度更高的金融产品，为客户提供全方位、多元化、自由度更高的金融服务。

中国工商银行首次在国内银行业自主研发全球化的金融市场交易及管理业务系统。通过综合询价流程，通用产品配置模板，实时资讯获取发布平台，构建了多渠道、全技术平台的金融市场交易体系，全面覆盖包括汇率类、利率类、信用类、商品类等在内的金融市场主流业务产品，形成了一个覆盖金融市场全产品线的、灵活的、多元化的交易管理视图；同时以智能服务响应、通用流程配置引擎、多元市场数据处理器、量化风险分析器等为支撑，实现敞口管理、

限额管理、授权管理、市值评估、业务核算等功能,建立起了多层次、互补的交易限额管理机制,构建了规范化的授权管理统一视图(图1-2-1)。系统提供多语言、多时区的全球化业务运营支持,构建了全集团7×24小时不间断交易管理体系。

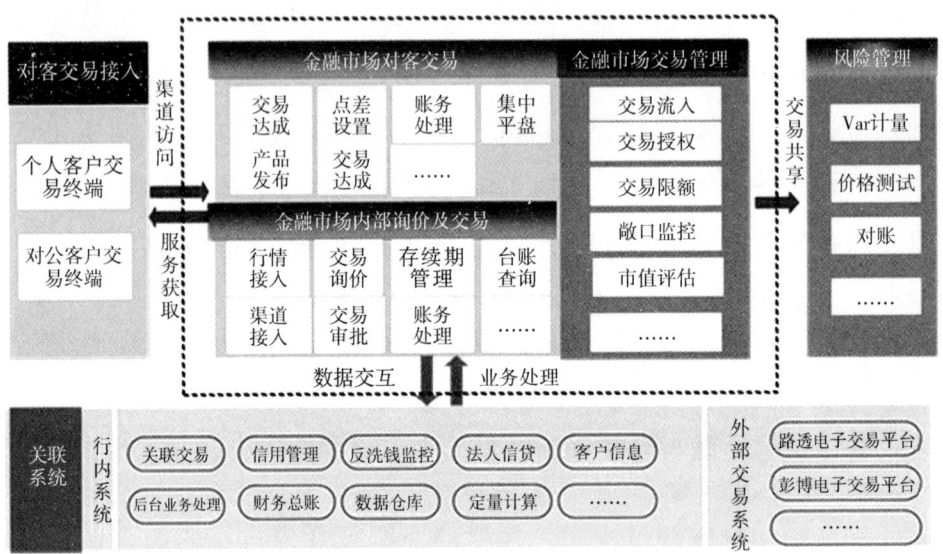

图1-2-1 工商银行全球金融市场交易及管理业务系统架构

全球化的金融市场交易及管理业务系统为业界首家推出了对公客户的汇率类和利率类衍生品、商品远期、商品掉期等新型金融市场产品,实现了金融市场对公产品金融创新和拓展,支持网上银行办理金融市场对公产品,极大提升产品可推广性。首家推出了账户农产品和账户基本金属交易系统,形成了覆盖账户贵金属、账户外汇、账户原油、账户基本金属、账户农产品五大产品线的产品体系,具有品种全、功能多、渠道便捷、起点低、可交易时间长、实时清算等特色优势。从平台方面来看,首跨PC和手机两大硬件领域,覆盖了 Windows、iOS 和 Android 三大主流操作系统，集行情、资讯、交易和服务于一体，提供个人客户的账户贵金属、账户原油、积存金、外汇、实物金等中国工商银行自有和代理交易品种，涵盖外汇、贵金属、基金、股票等领域。

随着我国经济金融的日益开放，中国企业及人民币"走出去"的步伐日益加快，中国银行的全球金融市场业务也随之迈上新的台阶。面对客户量、交易量大幅增长，业务和风险的复杂度呈几何级数增加。复杂的经营环境对银行的业务管理、系统架构和运营模式形成了严峻的挑战，提出了更高的要求。横向产品及风险管理分散、纵向业务操作流程分段、总分行部分管理标准不一致等原有不足将制约全球金融市场业务进一步发展。

面对发展中的挑战与机遇，中国银行建设了全球金融市场一体化处理平台，整合并贯通了业务前中后台工作流程，实现全时区、全机构业务的无缝衔接，支持覆盖全机构、全业务的矩阵式集中管理体系，提高了产品定价能力和创新速度，满足业务风险的自动量化计算和嵌入式实时监控，为中国银行打造全球交易一体化体系奠定了坚实基础。

中国银行全球金融市场一体化处理平台，实现前中后台全流程集成，并 7×24 小时不间断业务处理，采用多实体、多时区的全球运作模式，对交易、头寸、风险、额度、会计核算、估值实现全球化处理，提高业务处理自动化程度。在全业务流程处理方面，按照银行流程要求，全面、完整地规范交易、销售与业务处理过程。同时利用系统工作流管理功能和规范，按直通式处理、完整、闭环的原则重新设计流程，解决原有中后台业务环节割裂、信息单向传递的问题,同时通过对客交易处理,明晰渠道销售与交易员收入。在实时嵌入式风险管控方面,嵌入式设置32类风险指标,涵盖三大风险领域,全面提升风险计量水平和管控能力。在损益核算与绩效管理方面,通过全球统一估值实现全面及时估值,通过拆放交易实现资金成本计量,计算各账户的差额FTP,在账户层面实现利润精细化计量功能,自下而上汇总,可统计账户、交易台、总行模块和全条线等不同层面的毛利润及税前净利润,为风险计量和绩效考核提供准确、灵活、多维的数据基础。

二、深化金融与科技融合,构建专业化的国际交易监控系统

随着国际化战略的不断深入,国内商业银行面临国际商业银行同行的激烈竞争,同时国际市场环境与国内差异较大,各国金融监管的要求各有不同,对中国商业银行的国际化发展提出新的挑战和风险管理要求。在国际市场,中国银行面临着严峻的反洗钱形势。2016年中国银行在海外新开9家分行。截至2016年底,中国银行已经在全球46个国家和地区设有分支机构,其中有22家分行位于金融行动特别工作组(FATF)、美国财政部海外资产控制办公室(OFAC)等反洗钱组织指定的高风险国家或区域。跨境结算业务规模体量巨大,中国银行纽约分行美元清算量排名全美第十,而此类业务的洗钱风险等级属于极高风险等级。跨境业务日趋复杂,新产品(如行内实时跨境划汇)、新渠道(如海外特色清算系统和支付宝境内外币业务)需要适应全球差异巨大的监管环境,对反洗钱内控体系形成巨大考验。在严峻的反洗钱形势下,中国银行构建了全球反洗钱系统,并依托系统制定了反洗钱规则检索与事后可疑交易报

送的解决方案,建立了金融机构反洗钱综合防范体系(图1-2-2)。

图1-2-2 中国银行全球反洗钱系统

中国银行全球反洗钱系统在灵活配置、风险管理、评估模式、评分体系四大方面进行了创新:一是灵活配置方面,参数化系统支持差异化监管。系统内部定义原子化的标准交易要素、标准报文要素及标准化流程步骤以兼容不同来源数据和不同系统操作,在此基础上实现特征元素和流程处理序列组合的对应机制,同时参数化实现了对差异化监管要求的快速响应。二是风险管理方面,实现全生命周期客户风险管理。系统围绕客户活动的各个环节,对客户风险进行了多维度管理,满足了国内监管对金融机构客户分类管理指引的具体要求,落实了海外监管在客户身份识别领域要求的各类措施。三是评估模式方面,开展全方位立体化的机构风险评估。基于数据的量化指标与基于问卷回复的定性指标相结合,针对客户、产品、渠道及运营地域风险等维度,涵盖中国银行集团以及各业务条线、分支机构。四是评分体系方面,使用自动量化评分方法。自动化评分方法的引入实现了评分标准的客观化,能有效减少在全球推广中人员规模扩张带来的操作风险。量化的衡量标准更增加了自动评分结果对于柜员的可参考性,避免了语言文字差异带来的理解问题。此外,系统在自主研发高效名单检索算法、建立自评估可优化模型体系、提炼客户群视图发现利益共同体、绘制洗钱地图打破数据壁垒、攻克反洗钱性能难关等方面取得了技术性创新突破。

三、推进金融信息化建设,用最佳实践的顶层设计助力"一带一路"倡议

丝路基金是国家为"一带一路"倡议专门成立的国家级投资平台,肩负着支持"一带一路"倡议实施的重要历史使命。为全方位的支撑业务发展、助力"一带一路",丝路基金开展了信息化顶层设计,明确了信息化建设的总体目标、关键任务、工作内容与工作职责,明确了 IT 治理、业务应用、数据管理、信息安全、基础设施、生产运维等方面的具体工作任务,构建了从业务生产、风险防控、内部办公到渠道交互等七大板块 63 个应用系统的业务应用体系,提出了后续信息化落地的实施路径,制订了相应的资源需求及风险管控方案,有效保障了丝路基金信息化建设工作的有序、高效开展,为丝路基金行使国家使命、服务"一带一路"提供了技术支撑。

"一带一路"国家级投资平台信息化顶层设计采用业界先进理念和最佳实践,分析了公司业务战略和业务目标,制定与之相匹配的信息化战略和目标,并建立了信息工作体系,完成后续信息化建设的总体规划,采用 PDCA 方法论,实现了对顶层设计的持续改进,主要技术特点包括：一是将平衡计分卡战略管理工具引入到信息化建设的顶层设计中，采用平衡计分卡对公司业务战略进行描述，融合了业务战略与科技战略，对公司信息资本提出明确要求。二是创新提出丝路基金六维信息化建设工作模型。结合 TOGAF、Zachman、ITIL 等业界先进方法和最佳实践，创新提出六维信息化建设工作模型，涵盖 IT 治理体系、业务应用体系、数据管理体系、信息安全体系、基础设施体系、生产运维体系六个维度。六个维度工作紧密相连、互为补充、互为支持，为信息化全方位、可持续发展提供了保障。三是构建了七大板块 63 个系统的业务应用蓝图。包括业务生产、风险合规、管理决策、渠道交互、内部管理、基础服务、基础设施七大板块 63 个系统的业务应用蓝图，提出了"业务主导、需求驱动，整体统筹、逐步推广，突出重点、快速见效，保护投资、避免浪费"的实施原则和"滚动建设、分阶段发布、业务快速见效"的实施策略，并采用 PDCA 方法论在信息化建设过程中实现了对顶层设计的持续改进。

在应用过程中，信息化顶层设计成果对丝路基金的整体信息化建设提供了有效指导，信息化建设工作任务清晰明了、重点突出，丝路基金信息化建设工作在该成果的指导下顺利有序推进，先后在投资管理数据库、办公自动化系统（OA）、邮件系统、互联网网站、文件共享平台、多层次多媒体会议系统、内网门户、考勤系统、移动办公等多个信息化项目建设，机房、网络、服务器等基础设施建设以及信息安全管理、IT 运维、IT 治理和服务支持等工作中得到了广泛的应用实践，为丝路基金行使国家使命、服务"一带一路"提供了技术支撑和引领。

第三节 构建全球支付清算网络，促进人民币国际化新发展

近年来，中国人民银行积极推动金融业对外开放，加快人民币国际化步伐，着力打造人民币国际清算支付的指令集中处理平台。力求实现与世界主要央行清算系统、国际清算组织网络、交易所和清算所的系统对接，以大幅提升人民币跨境服务能力，降低对国外清算网络的依赖，增强民族金融业全球金融市场竞争力，以更好地支撑实体经济发展，支持国家"一带一路"倡议实施。

一、破解支付难题，建设人民币全球支付的金融基础

当前人民币跨境支付面临诸多难题，包括业务运行时间短，处理欧美跨境业务存在时差，跨境人民币清算渠道不统一，报文直通SWIFT报文和CNAPS报文的转换复杂等问题。为满足全球各主要时区人民币业务发展的需要，提高交易的安全性和稳定性，营造公平竞争的市场环境，同时适应跨境人民币业务规模不断扩大、跨境支付结算需求迅速增长的形势，提高人民币跨境支付结算效率，中国人民银行清算总中心构建了人民币跨境支付系统（CIPS）。

为破解当前人民币跨境支付过程中的难题，人民币跨境支付系统的业务目标清晰定位为：建设安全、稳定、高效，支持各个阶段人民币跨境使用，便利人民币在全球范围内使用的金融基础设施。为实现业务连续性支撑可靠，信息安全有效保障，人民币跨境支付系统为境内直接参与者提供专线直接接入，主备数据中心同时对外

提供服务。人民币跨境支付系统直接参与者 27 家，间接参与者已增至 449 家，覆盖全球 6 大洲、78 个国家和地区。系统上线后，采用实时全额结算方式处理客户汇款和金融机构汇款两类业务；实现各直接参与者一点接入，集中清算业务，缩短清算路径，提高清算效率；采用国际通用 ISO 20022 报文标准，采纳统一规范的中文四角码，支持中英文传输，在名称、地址、收费等栏位设置上更有利于人民币业务的自动处理；运行时间覆盖亚洲、欧洲、非洲、大洋洲等人民币业务主要时区。

CIPS 投产后系统运行稳定，业务快速增长，在促进人民币国际化进程等方面发挥了重要作用，逐步成为跨境业务主渠道，有效提升了跨境业务处理效率。作为人民币国际化发展的一部分，人民币跨境支付系统的投产运行是我国金融市场基础设施建设的又一里程碑事件，标志着人民币国内支付和国际支付统筹兼顾的现代化支付体系建设取得了重要进展。作为重要的金融基础设施，对促进人民币国际化进程起到了重要的支撑作用。未来，CIPS 将协助打造人民币的国际竞争优势，促进人民币资金结算量高速增长。

二、发展业务与技术创新，促进人民币国际化新发展

随着跨境人民币业务规模不断扩大，2016 年人民币已成为中国第二大跨境支付货币和全球第四大支付货币。人民币跨境支付结算需求迅速增长，对人民币跨境支付的业务要求越来越高。创新是发展的第一动力，人民币跨境支付系统的业务创新主要体现在五大方面：一是统一的跨境清算渠道。通过统一现有清算行及代理行模式，为跨境人民币业务渠道进行顶层设计，精简业务层级，统一开立资

金账户，提高清算效率，便于业务监管。二是创新的流动性管理机制。通过零余额账户设计机制，最大限度地保障了参与者的资金安全，支持参与者在 CIPS 的使用资金日终正常计息。日间资金调度机制支持参与者在日间时段灵活调度支付系统与 CIPS 间的头寸资金，最大限度加快参与者的资金流动，大幅提高参与者资金利用效率。三是灵活的参与者管理模式。通过支持境内直参、境外间参接入，为人民币跨境业务的拓展提供有力支撑，为银行业国际化发展提供新的机遇，为商业银行开拓人民币跨境业务提供契机和便利。支持建立一对多的间直关系，间接参与者可同时接入多家直接参与者，适应当前跨境代理现状，促进参与者间良性竞争。支持建立资金托管关系，境外直参无须加入支付系统，由境内直参每日为被托管的境外直参代为注资，为境外直接参与者提供了资金流动性便利，降低了开发成本。四是跨时区的运行时序。系统覆盖了人民币跨境业务的主要时区，为世界各地参与机构进行实时人民币跨境清算业务提供了保障，支持未来进一步扩展为覆盖全球。五是实现报文的直通式处理。在报文标准的基础上，组织参与者共同协商、约定，编制、发布了统一的业务规范和完善的用户服务手册，从而进一步提高报文的直通效率。

此外，人民币跨境支付系统还有五大技术创新：一是报文直通有效提升，针对人民币跨境业务的具体特点进行了定制化设计，有效提升人民币跨境业务的直通效率。二是主备数据中心双活保障稳定，主备数据中心同时提供接入服务，自主开发跨站点切换工具实现异地一键切换，有效保障系统业务的连续性。三是组件化应用软件结构开发快速灵活，支持迭代模型开发，提供了快速、灵活的解决方案。四是可定制的数据采集机制助力掌握最新业务动向,实现了灵活和可配置化的采集功能,利用可交互、动态可视化的信息展示技术。五是用国密算法及国产化设备选型确保系统安全。统一了各参与者对算法标准的理解及实现,支持 RSA 和 SM2 同时使用,根据证书类型进行自动化切换,同时通过选型国产化设备及自主研发软件产品,确保系统安全运行。

第四节 小结

中国特色社会主义已进入新时代,中国商业银行的国际化也会呈现新时代的特征。中国商业银行的国际化发展,会紧随"一带一路"倡议的沿线布局,而商业银行的业务范围,也会由传统银行业务,向国际综合性金融服务转变,同时金融科技的作用将变得更为重要。中国商业银行的全球一体化科技建设工程,为中国银行业全球化的金融服务体系奠定了坚实的基础,创新技术的发展与传统业务的结合,催生了更全面、更高效、更有竞争力的国际金融产品,而人民币国际化的进程,犹如一剂催化剂,为发展中的中国银行业创造了崭新的发展环境和历史机遇,助力大国崛起。

第二章　完善高效金融供给，提升服务实体经济水平

支持实体经济是银行业生存发展的根本，没有产业支撑的银行业是无源之水、无本之木。在国家"供给侧结构性改革"的大背景下，各银行业金融机构通过创新产品、流程、服务、模式等手段，深度优化业务支撑系统，不断提高服务质量和效率，持续完善金融供给。根据企业经营状况和服务需求，从供给侧入手，着力拓宽融资通道，创新金融产品和服务，解决企业特别是中小企业融资难、融资贵、管理乱等问题，为企业经营发展营造良好的金融环境，为实体经济持续健康发展赋能。

第一节　推进创新，丰富金融产品与服务供给

《中共中央关于制定国民经济和社会发展第十三个五年规划的建议》中提到"提高金融服务实体经济效率"，时任中国人民银行行长周小川也强调"坚持创新发展理念，全面提高金融服务实体经济效率"。这意味着"十三五"期间，金融业要始终以服务实体经济为导向，以稳健经营为目标，找准服务实体经济的重点领域和重要环节，

构建新的业务发展模式，改进服务方式，改善服务质量，提高服务效益，促进金融业成为实体经济发展更为强大的动力源泉。作为金融体系的重要组成部分，银行业无论是国家政策性银行、大型商业银行，还是股份制银行、县域农村商业银行等，都在逐年加大金融创新力度和投入，积极利用新技术，整合传统服务资源，联动线上线下优势，创新和丰富产品功能，优化服务方式和流程，不断释放新需求，创造金融新供给，以更先进、更灵活、更高效的金融产品和服务积极主动服务实体经济。

一、大力开展产品创新，丰富金融供给种类

近年来，我国银行业取得了长足的发展，银行的金融服务方式和金融产品品种日益多样化。但是从总体上看，发展水平仍有较大的进步空间，也存在着产品同质化、部分产品没有真正服务实体经济等问题，一些实体经济运行或企业再生产过程中的金融产品需求仍得不到完全满足，通过金融创新产生的新供给偏少。因此，促进贴近实体经济需求的金融创新显得尤为重要，国家开发银行、招商银行、昆仑银行以及一些县域农村商业银行等银行业机构，都积极开展银行业金融业务及产品创新，不断拓展和丰富金融产品供给种类。

为解决债券业务管理半手工操作、"家底不清"、产品研发没有系统支持、没有连通投资人所必需的电子销售网络、过于依赖第三方发行公司等问题，国家开发银行建设了独立的集市场开发、产品创新、客户营销、存量管理于一体的债券综合业务系统，进一步丰富了债券品种，推动了柜台债、定向债的发行。通过建立与直接投

资人和发行公司、交易中心等机构之间的综合销售网络，开辟了"投资人蓝海"，对丰富国内中小企业投资产品品种、拓宽销售渠道发挥了积极作用。在建设过程中，还形成了统一的业务标准和技术规范，对建立中国债券业务标准体系、促进中国债券市场发展发挥了积极的作用（图2-1-1）。

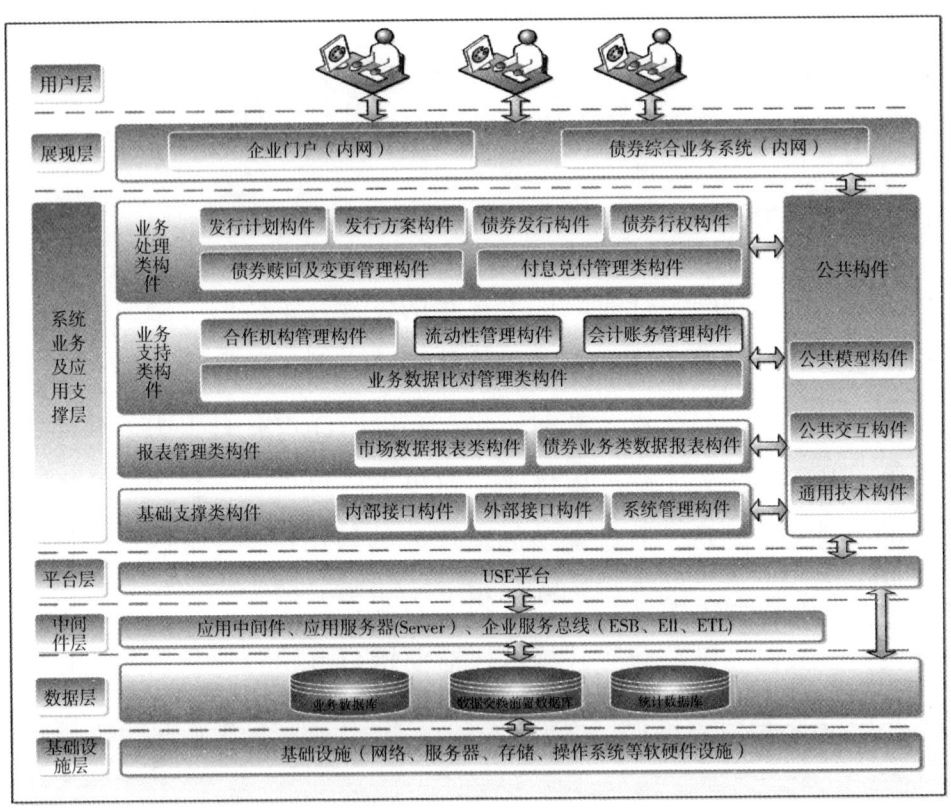

图2-1-1 国家开发银行全生命周期管理的债券综合业务系统逻辑架构

为进一步丰富信贷产品，开展精准营销，提高授信审批效率，招商银行基于大数据风控模型构建了闪电贷系统，通过对行内外客户数据进行整合和挖掘，精准定位目标客户并给出差异化的预授信额度，先后推出收付易闪电贷、代发工资闪电贷、房贷配套闪电贷、分行白名单闪电贷等多个闪电贷子产品，并针对不同客户推出个性化贷款产品和多样化的套餐选择。系统构建了自动化审批流程，实现了快速审核放款，60秒即可返回审批结果，审批通过即放款，为客户提供全线上、全天候、全自助的信用贷款服务，既节约了客户的贷款申请时间，也减少了融资成本。客户可通过手机银行App或者网银专业版在线申请贷款，操作简单便捷。闪电贷系统表现出便捷高效、定位精准、灵活性强、可靠性高、扩展性强的特点，截至2016年12月，累计放款超过120亿元，存量贷款超过50亿元。由于采用了大数据及云计算风控模型，不良贷款率一直保持在0.6%以下，较好地支持了招商银行业务发展的战略要求。

依托石油行业的资源优势，昆仑银行立足石油产业上下游业务链条，基于线上产业链金融平台，搭建了产业链金融业务处理系统、产业地图信息管理系统、产融结合信息系统，快速响应市场需求，支持业务产品创新，推出了"昆仑快车"品牌及其下的"商信通""油企通""物采通""促销贷"等符合石油产业链条各类客户的业务产品，为中小微企业客户提供信贷、国际结算、票据、现金管理等金融产品服务，有效解决了石油产业链中小微客户资信差、信息少等问题。系统上线后，昆仑银行的产融业务得到飞速发展，切实为石油产业经济发展提供了方便、快捷的金融服务。

除此之外，一些地方商业银行、农村信用社也积极开展金融产品创新，浙江丽水莲都农村商业银行把农贸市场作为主要应用场景，以田间到餐桌的源头可追溯、过程可监控为目标，搭建了"丰收惠民"食品安全溯源金融便捷支付平台，为支付结算专门推出了"丰收·安心卡",实现了金融便捷支付和食品安全溯源功能一体化,为当地食品产业经济健康发展提供了有力的金融支持和服务。云南省农村信用社联合社针对交通不便的山区、经济发展和文化水平较落后的客户群体,推出了"背包银行",基于定制平板电脑设备进行户外及网点厅堂业务办理、业务营销,实现移动发卡、移动签约、移动理财、移动信贷、产品宣传等多种业务功能,弥补了传统柜面业务办理渠道的不足,有效地支撑了基层网点业务人员进行户外作业和上门服务,成功打通了农村金融服务的"最后一公里",为当地农村经济发展提供了便捷的金融服务。

二、推动业务流程创新,拓展延伸金融服务

服务及管理创新是金融创新的重要内容之一,各商业银行为提高自身竞争力和盈利能力,积极顺应市场需求变化,开展各具特色、符合自身经营特点和长期发展目标的金融服务及管理创新工作,不断拓展金融服务的内容,延伸金融服务的空间和范围。

招商银行充分研究了国内外金融监管的差异,创建了跨境企业全球资金管理的新模式,实施了"C+现金管理平台"项目(图2-1-2)。通过搭建全球本外币账户一体化的现金管理系统平台,建立了集团企业境内外账户的统一视图,通过单点登录、多级现金池、虚拟现金池等模式使集团企业对境内外子公司进行一体化现金管理,简化跨境资金调拨流程,提升了企业客户在全球范围内的资金运作效率和能力。通过集中化的处理模式,在银行内部统一了境内外现金管理的处理流程,提高了银行跨境业务处理能力,降低了银行运营成本。自推广以来,客户数与交易量迅猛增长。2016年,交易笔

数约 2 000 万笔,同比增长 3.5 倍;交易金额折合约 8 万亿元人民币,同比增长约 5.7 倍;2016 年末资金沉淀达 700 亿元人民币,同比增长约 2.3 倍,有效扩展了招商银行的现金管理客户群体,协助客户加强全球范围内的财资管理,为跨国集团企业提供"一户通全球"的便捷体验,构建起了招商银行与"走出去"企业之间的"跟随式"共赢发展桥梁。

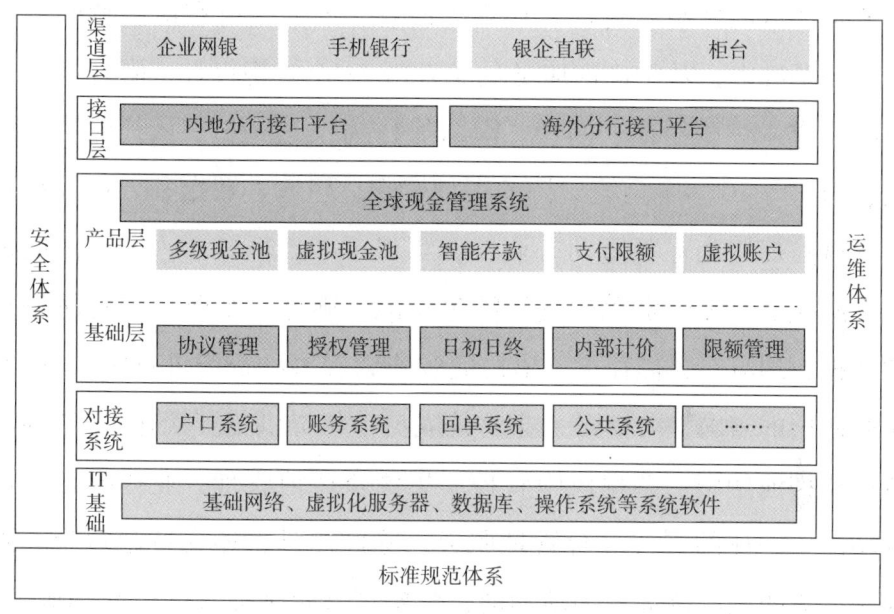

图 2-1-2 招商银行"C+现金管理平台"系统架构

中央国债登记结算有限责任公司自主设计开发了中债金联资金业务管理系统,为金融机构提供了符合监管要求、具有规范管理理念的资金业务管理平台。系统由资金交易管理系统和经营管理分析系统组成,建立了标准的电子化交易管理平台,并对客户资金业务中的市场风险、信用风险和操作风险进行全面管理。系统还实现了与中央结算公司和外汇交易中心系统的互联互通。系统在国家政策性银行、城市商业银行、农村商业银行以及农村信用合作联社等多家客户上线应用,自上线以来,运行平稳、安全、高效,功能不断丰富完善,有效帮助用户实现了内部资金业务的管理电子化和流程科学化,在促进国内金融机构资金业务管理水平和提升国内资金业务信息化水平等方面发挥了重要的作用。

为解决企业面临的资产和负债期限错配、票据业务风险防控难、企业资产流动性与效益性管理难等问题,浙商银行在深入调研市场需求的基础上,基于面向服务的企业级 SOA 架构设计,融合互联网思维与技术,以柜面、网银、微信等作为渠道入口,依托账务、票据、理财等 20 多个系统支持的多种资产,引入大数据和云计算技术实现风险控制和池额度动态调整,实现了多样性资产入池、供应链上下游融资、集团资源配置等特色功能。满足了企业客户对所持有的票据、理财、大额存单、出口应收账款等多种资产进行统一管理、统筹使用的需求,向集团企业及其成员单位提供集资产托管和托收、资产质押池融资、票据风险管控、集团资产池管理、业务统计查询等功能于一体的资产综合管理服务。除此之外,还支持超短贷、直通车、集团额度调剂等创新功能,将资产和负债业务、产品和服务、操作和管理等融为一体。系统延伸了银行的金融服务,实现企业内部金融资产的统一管理、统筹使用;降低企业财务成本,减轻企业资产管理压力,提高业务效率。同时,通过资产质押入池方式进行融资,增强了银行风险防控能力,降低银行经济成本耗用,提升了银行和企业的资本效用,为银行业池化业务系统建设提供了良好的借鉴。

中央国债登记结算有限责任公司自主设计开发的中债金联理财

业务管理系统，为银行业金融机构提供了符合监管要求、具有规范管理理念的理财业务管理行业云平台，实现了银行理财产品的研发设计、投资运作、会计核算、风险管理和信息报送。该项目建立了行业云平台，基于开源软件、框架、系统的技术实现，是云平台、开源技术框架在银行业理财业务管理系统领域的创新应用。系统陆续在多家机构上线，运行平稳、安全、高效，有效地支持了各家中债金联理财业务管理系统客户的业务开展，在为客户提高工作效率、防范操作风险、提升理财信息报送质量、落实监管要求和政策等方面发挥了重要的作用。同时，中债金联理财业务管理系统的建设在推动市场业务标准的制定、降低社会成本等方面也发挥了积极作用。

为帮助企业尤其是中小微企业提升运营效率，降低企业成本，提高业务办理效率，提升客户体验，兴业银行推出了"兴业管家"平台，面向小微企业提供账户管理、移动支付、支付密码在线编制、事务审批、即时通信、财富管理、批量汇款、银企对账等功能，同时还将服务延伸到企业内部，为企业提供了便捷的内部移动办公服务、统计和分析用户行为的后台管理功能，满足了小微企业和商户交易全过程需求，为小微企业客户提供了更深层次的优质服务，切实为实体经济提供了金融支持。

各银行机构持续加大金融创新的力度和投入，以创新为第一推动力，积极整合外部资源，持续推进金融创新，把组织结构创新、产品创新、服务创新、业务流程创新等有机结合起来，统筹兼顾，形成了各方共同参与的共赢发展环境，不断释放着金融新需求，创造着金融新供给，更积极、更主动地支持和服务实体经济的发展。

第二节 提质增效，促进银企和谐共赢发展

围绕新形势下实体经济的需求变化，各银行业金融机构充分认识到有效支持实体经济对银行业长期稳健发展的重要意义。金融和实体经济密不可分，金融尤其是银行业的首要任务就是支持实体经济的发展。在经济下行的压力下，银行和实体经济更成为"命运共同体"。围绕服务实体经济本源，中国建设银行、光大银行、兴业银行等在服务定价管理、资产管理、证券管理等方面持续优化完善业务流程及信息系统功能，不断提升自身金融服务的专业水平、服务质量和效率，切实增强自身服务实体经济的内生动力，更好地为实体经济发展提供优质、高效的金融服务。

一、完善价格管控机制，提升综合定价管理服务水平

随着利率市场化的全面展开，建立科学的金融产品定价机制，对于商业银行巩固市场竞争地位、保障自身经营效益，以及支持实体经济发展、向客户提供更好的金融服务，具有非常重要的意义。

为应对利率市场化竞争，实现科学、准确、及时地对客户进行存款、贷款及表外业务服务报价，中国建设银行构建了以客户为中心，集模型测算、授权管控、线上审批、报表监测、参数调整等各项功能于一体，全流程、全产品、全渠道、全币种的多维综合定价及价格全流程管控应用平台。该平台搭建了包含单笔定价、客户关系定价、整体定价、机会成本定价四大定价模型组成的综合定价模

型体系；设计了价格授权引擎和价格线上审批流程，实现存、贷款价格授权参数化、自动化管控，支持灵活调整价格授权并完成线上审批；对于价格执行效果和业务审批情况进行实时监测，实现价格监测由面到点、立体化、全方位转变；对客户承诺业务及派生业务的完成情况进行全程追踪，以准确衡量客户贡献。平台功能完善，广泛覆盖本币、外币、存款、贷款、表外业务等各类产品共312种，面向该行6万多名对公客户经理以及5万多个审批人岗位，日均测算笔数5 000多笔，月均处理有效定价单10万多笔。系统投入运行后，实现了存款、贷款及表外信贷业务的科学报价体系，为推行利率市场化改革进行业务实践，有利于产品的交叉销售、提升了客户的综合贡献度，完善了包括贷款、存款和表外业务在内的客户综合定价体系。中国建设银行的综合定价管理能力和水平得到了较大提升，仅2016年1~6月，对公贷款加权平均浮动幅度从2015年的低于工行、农行、中行、建行四大行平均水平0.58个百分点，上升为高于四大行平均水平0.26个百分点，提升了0.84个百分点；利率水平由高于四大行平均水平0.64BPS，上升为高于其2.98BPS，提升了2.34BPS。综合定价管理系统以客户为中心，为提升银行定价精细化管理水平、向客户提供更好的金融价格服务提供了有益实践，起到了良好的行业示范和带动作用。

二、持续提高服务质效，增强服务实体经济内生动力

具有专业的银行服务，才能够更好地发现并满足实体经济的真实金融需求，商业银行只有通过持续提高专业的服务能力、质量和效率，切实增强自身竞争实力与服务实体经济的内生动力，才能在

经济可持续发展过程中有所作为，在回归支持实体经济本源中实现自身的转型升级，为实体经济发展贡献积极力量。

中国建设银行整合了原有分散、重叠的资管服务类业务系统，优化再造业务流程与组织架构。以资产托管、资产受托和资产账管作为核心服务，整合监督报表、信息披露、外包 TA 等服务，统一外部数据接入方式、建立标准信息披露机制，实现了产品合约从建立到终止的全流程管理；逐步打造资管增值服务，实现了可以同时运作十二大类资产托管业务，同时支撑境内外外包业务的一体化资管服务平台。该平台自投产以来，自动化程度和处理效率、处理容量大幅提升，运营人力成本、低值易耗品成本大幅降低，实现了绿色环保办公，平台上线后年均业务收入预计增加 12 亿元人民币。系统的服务渠道包括企业网银、个人网银、手机银行、电话银行、个人网站、ATM 查询、多媒体查询、短信通知、邮件交互、传真交互、柜面等共 11 个渠道，形成了完整的资管业务服务链条，提高了对客户资管业务自助交易的支持，满足了个人客户服务需求，进一步提高了客户服务效率和水平，提升了客户体验和满意度。

随着理财业务向大资管业务的转型，光大银行构建了前、中、后台全流程一体化智能资产管理系统（图 2-2-1）。系统采用马柯维茨组合投资等模型，实现了智能的资产配置；采用 Brison 和 Campisi 的归因模型，实现了多因子定量投资分析和风险收益调整；通过自主研发的 18 个风控模型，构建了定量的风控指标体系，有效提升了风险管控能力；通过支持证监会估值等模型，保证了估值的准确性和延续性；通过批量并行引擎等技术，实现了"T+0"估值和清算核算。系统投入使用后，在投资决策、组合管理、产品管理、资产交易、风险监控和估值核算上,实现了全流程一体化处理,为投资经理有效决策、风控人员风险识别和监控、后台人员估值和核算提供了全面的电子化、自动化和智能化的支持。在投资能力和投资效率、风险监控能力和风险处理效率、后台自动化能力和处理效率方面都有显著提高。

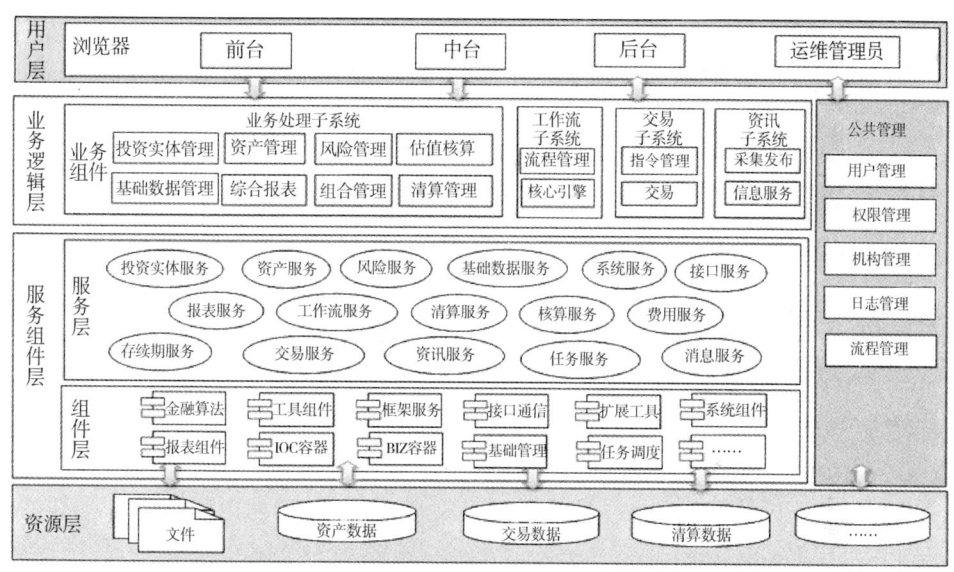

图2-2-1 光大银行全流程一体化智能资产管理系统架构

兴业银行基于国际投行先进经验,并结合证券化产品设计实践,构建了国内首家资产证券化业务全流程管理平台,设计研发了证券化现金流测算模型、次级档收益率测算模型和风险报酬转移测算模型三大核心模型,实现了基础资产维护及管理、产品策略模型搭建、产品管理、清算核算及存续期管理等功能,满足了资产证券化业务的基础资产管理、资产转让及转让后的产品管理需求。系统上线运行后,兴业银行数千亿元资产证券化业务的规范管理和标准化作业获得了更加有力的系统支持与保障，资产证券化业务的精细化管理水平大幅提升。

第三节　小结

各银行业金融机构积极提升信息系统服务能力，不断提高金融服务专业水平，实现对企业客户需求和市场变化的快速响应，通过科技支撑助力银行全要素生产率的质效提升，增强自身的竞争实力，满足企业客户不断提升的需求。同时，各类企业客户多样化、深层次的需求又反向助推银行服务管理方式的变革和优化，促使银行创造出高度适配的金融供给，提高客户黏性和释放有效需求，提升可持续盈利能力，从而形成了银行业与实体经济共生共荣的良性循环，呈现出银企共赢、和谐发展的良好局面。

第三章 打造金融新业态，大力发展普惠金融

随着大数据、云计算等技术的应用，互联网发展又进入一个新的阶段，互联网与各行业的加速融合正在改变着人们的生活与认知，成为新发明、新服务和新管理的源泉，不断催生新的产业形态和商业模式。互联网技术与金融的融合深刻影响了金融运行方式和生态环境，使金融服务深度嵌入人们的日常生活，正如未来银行转型的畅销书《银行3.0》(*Bank 3.0*)中所说，"银行不再是你前往的一个地方，而是你使用的一种服务"。然而，不管融合了多少互联网技术的特征，金融创新发展仍离不开其基本功能和属性，无论是互联网企业，还是商业银行，虽然创新路径会有不同，但终将殊途同归。因此，对银行业而言，真正的挑战并不是来自跨界竞争者，而是我们自身能否更好地适应互联网时代的金融生态环境和客户需求变化，以创新进取的心态拥抱技术变革新趋势。

党的十八大以来，以习近平同志为核心的党中央高度重视发展普惠金融，制定出台一系列战略规划和政策措施，将普惠金融提升为国家级战略规划。国务院《推进普惠金融发展规划（2016—2020年）》中明确提出，要健全多层次的金融服务供给体系，充分发挥传统金融机构和新型业态的作用，借助互联网等现代信息技术，创新

金融产品、完善支付环境、健全金融信用体系，为社会各阶层和群体提供适当、有效的金融服务，助推经济发展方式转型升级和社会公平和谐。为落实国家发展规划，迎接市场挑战，银行业以开放共享的姿态，将互联网思维引入金融生态建设，积极推进技术和产品创新，提升金融服务水平。同时大力推动普惠金融发展，让市场主体都能分享金融创新的雨露甘霖，提高金融服务覆盖率、可得性和满意度，增强客户对金融服务的获得感，更好地服务实体经济，努力发挥银行在国家经济发展战略实施过程中的重要作用。

第一节 开放共享，打造金融新业态

互联网发展给传统金融带来意义深刻的变革，通过分工合作形成了具有一定结构特征、能够执行一定功能作用的动态平衡系统，在一定程度上改变了金融业的规则和格局，带来了新的融合和竞争。银行业通过树立优势互补、互利共赢的开放思维，加强资源共享和协同合作，推进银行机构间、银行与非银行机构间的合作，共同推动银行信息科技发展，主动适应新常态行业发展转型需要。

一、改变传统金融模式，培育金融新生态

随着经济发展的新常态和"互联网+"战略的实施，传统行业与互联网的隔阂正逐渐消失，信息技术对传统行业的改造和融合带来了前所未有的转变。企业仅通过自建渠道已不能满足社会发展，必须转变经营模式，以互联网为基础，推进服务开放，扩展与第三

方的跨界融合，通过建立与其他企业之间互联合作、信息共享、协作共生的生态圈，才能在市场竞争中取得高速稳定的发展。

近年来，为应对互联网企业挑战，商业银行积极拥抱技术创新，纷纷以开放的姿态培育和建立新的金融生态体系。中国工商银行作为国内最大的商业银行，2015年3月发布了e-ICBC品牌，在实践过程中形成清晰、完善的互联网发展战略，以金融为本，以创新为魂，以互联为器，构筑起了以"三平台（融e行、融e购、融e联）、一中心（互联网融资中心）"为主体，覆盖金融服务、电子商务、社交生活的整体架构，推动金融生态圈创新发展，以大银行的新业态，为促进实体经济提质增效增添新动力，为推动自身经营转型提供新引擎（图3-1-1）。

工商银行e-ICBC项目应用了各类新技术，基于分级多因子认证和生物识别技术，建立安全高效、跨平台统一的身份认证和支付验签体系；采用微服务和开源技术，建立服务化的应用架构，灵活支持各类金融产品和服务的多渠道同步扩展；引入流数据处理技术，实现客户交易信息的快速回馈，及时识别网络欺诈；深入应用大数据分析挖掘技术，实现精准客户服务和智能风险管控；采用分布式处理技术，实现大规模数据基础上的高并发交易处理。基于同城双活和异地灾备的两地三中心运营模式，确保互联网金融应用的业务连续性。

e-ICBC标志着工商银行拉开了金融模式转型的序幕，为工商银行带来了新的利润增长点。截至2016年底，融e行注册客户数量超过2.5亿户，活跃客户数突破8 000万户，日均交易量占全行总交易量的41.5%；融e购总交易金额超过1.2万亿元人民币；融e联个人注册用户数突破6 600万户，日活跃用户达到1 000万户；网络融资中心贷款余额突破6 200亿元，累计为4万多户小微企业提供网络融资服务，成为国内最大的网络融资银行。

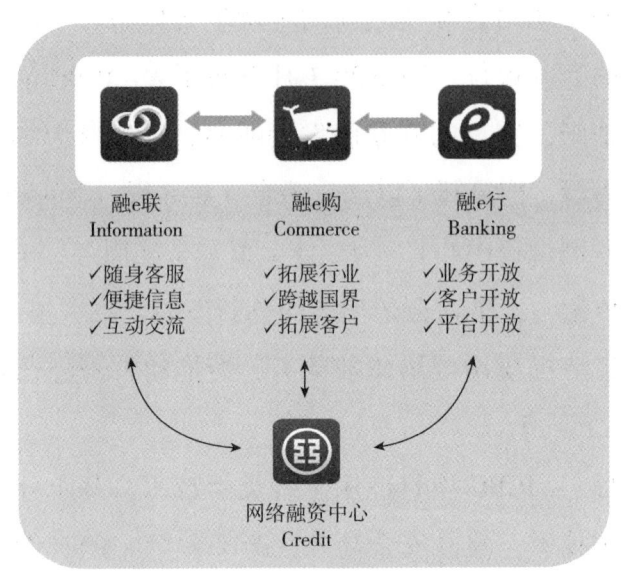

图3-1-1　中国工商银行互联网金融布局

中国工商银行在e-ICBC战略实施过程中融合领先科技和传统金融能力专长，通过构建线上线下互联互通的全渠道服务平台，将高效的线上服务和强大的落地服务有机结合，实现一点接入、全程响应、线上线下一体化的服务体验；通过与社会各界广泛合作，将金融服务融入教育、医疗、交通、社保等机构业务场景，实现场景化、一站式的新型金融服务模式；通过打通生活、信息、金融服务全链条，使商品流、资金流、信息流"三流合一"。经过几年的建设，中国工商银行已经形成了完整的金融服务生态体系，并依托"线上云银行"和"线下智网点"建立了开放融合的金融服务生态圈

(图 3 – 1 – 2)。

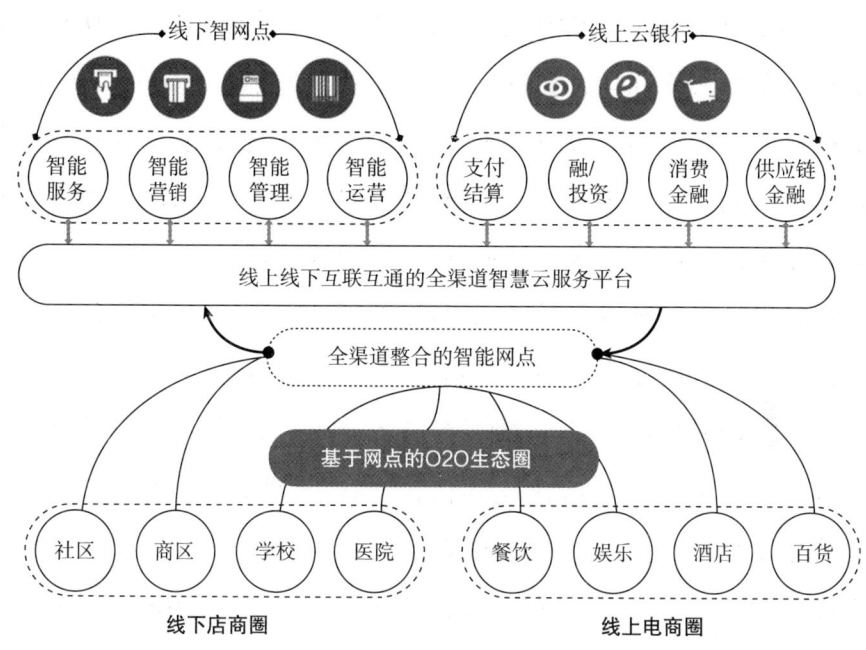

图 3 – 1 – 2 中国工商银行金融服务生态圈

中国建设银行运用尖端科技手段和业务战略转型思维实现业务的创新和变革，重构业务流程和管理方式，重塑网点布局与视觉形象，建设了智慧银行项目。该项目运用人工智能、大数据分析等互联网新技术，全力打造适应战略转型方向的智慧网点，让银行服务变得"聪明"起来，为客户带来更加智能、便捷、高效、协同的全新体验，是一次理念、策略、流程的变革和实践。

中国建设银行智慧银行呈现五大特点：一是流程从人工到智能，通过推出智慧柜员机等创新应用，实现业务流程智能化、自助化，让客户在"一站式、引导式、无纸化"的操作模式下，快速办理几乎全部的传统柜面业务。二是服务从坐销到行销，通过打造移动金融应用,工作人员手持移动设备,随时随地随需提供方便快捷、安全高效的全方位移动金融服务。三是从单一渠道到多渠道协同,通过信息共享和流程互动,实现了高效的柜面服务、分流的自助服务、便捷的移动金融服务、专业的远程集中服务和电子银行服务相结合的全渠道协同互动运营新模式。四是营销从粗放到精准,通过运用大数据技术,精确描绘客户"画像",深度挖掘客户金融需求,在各子渠道触发针对性营销,完成差别化服务。五是风险防控从人控到机控,通过在业务流程中引入人脸识别、支票扫描鉴伪、电子签名、远程审核、柜面风险监测模型等新技术,并自动进行黑名单和反洗钱控制,实现风险防控从人控到机控,提升系统安全性。中国建设银行第一家智慧银行在深圳对外营业后,时任国务院副总理马凯曾亲笔批示"可向各银行机构推介,供借鉴"。截至2016年3月,中国建设银行14 532个网点完成相关IT系统、流程和智能设备的全面推广,存款、贷款、中收等各项指标都远超传统网点数倍,客户电子银行覆盖率达到100%,高端客户占比达到30%,每年增加效益和节约成本达21亿元。

上海华瑞银行通过研究传统银行业务和互联网生态圈相互融合的综合服务模式,创造出"1 + 1 + N"智慧银行IT架构,把传统银行"集中式"架构和互联网"分布式"架构有机结合,统一用户体系,打造移动互联网生态圈。

上海华瑞银行首先打造安全稳固的基础金融服务能力,包括核心银行、总账、信贷、理财、反洗钱、监管报送等一整套传统银行业务;其次打造面向互联网的金融与非金融服务能力,建设用户中心、在线支付平台、在线融资平台、在线投资平台,满足客户支付、投融资需求；最后依托金融开放平台输出金融服务能力，与不同生态领域的伙伴合作，融入客户日常真实的生产生活场景，让客户随时随处随身都可享受到在线金融服务。上海华瑞银行充分运用流量入口，将银行网点"开进"各类线上 App 中，使各种互联网媒介成为银行服务渠道，将移动银行服务直接植入社交朋友圈，对用户实现"一键注册、永远在线、生生不息、幻影随行"，使得移动金融服务保持在线、随时可用、触手可及，并逐渐从社交朋友圈推广到餐饮、游戏、旅游等垂直生态领域，通过 MGM 手段和用户成长体系不断营销和推广，依托好的产品和服务吸引并留住客户，打造"朋友圈的银行"。上海华瑞银行通过培育金融新生态，走出了一条从网银、手机银行、直销银行的互联网发展主线逐步转变为银行服务与互联网垂直场景高度关联和融合的发展路线。

二、深化多渠道融合发展，细化金融场景建设

能否真正形成合作共赢的金融服务生态圈，关键在于能否通过与外部的用户、信息、场景进行融合，不断丰富银行金融产品及服务的应用场景，实现用户、银行、合作方的三位一体和三方共赢。

在深化多渠道融合和强化场景共建方面，各商业银行纷纷通过自建和合作等方式扩展业务服务范围。兴业银行基于网络社交平台，自建社交型移动金融服务应用，实现了全景式金融服务平台功能，成为集团业务全盘联动和结构转型的重要抓手。在保障金融机构信息安全、监管合规的前提下，兴业银行基于互联网社交平台功能，以客户为中心，融合资讯信息、支付结算、理财投资等银行业务，打造了全景式金融服务应用"兜来用"App，创新出新一代金融服务平台，形成金融服务同社会生活深度融合的全新金融业态。

华夏银行为拓宽服务渠道，弥合用户的银行账户与社交平台账户空隙，建立移动终端接入服务平台。该平台整合了第三方服务和行内金融服务，将社交账号融入银行账户体系，对接各类社交等互联网平台，通过移动终端为客户提供综合类金融服务；同时对接微信、支付宝等第三方平台，推出了微厅、有车一族定制服务、微信抢红包等特色产品，提升了客户贡献量、活跃度和忠诚度，推动其在获客方式、产品创新、服务模式、运营管理等方面实现转型升级，形成了"互联网+"时代新的业务增长点和核心竞争力。

招商银行运用智能化的数据挖掘与业务场景分析模型，以数据驱动智能获客，依托多平台系统支持，创新决策引擎分流机制，开创性应用互联网大数据征信，建立了O2DO双线下（网上申请，上门服务及网上申请，网点核身）的申请体验流程，搭配专业化的上门服务，实现优质的O2O线下体验，提升了零售银行的品牌美誉度。最近三年，通过该平台直接获取信用卡新户累计超过600万人，直接获取的信用卡新户占当年获取新户总量的百分比分别达到29.3%、33.7%、37.3%，实现了跨越式、爆发式的增长，目前这一比例还在不断提高。该智能获客系统已成为招行信用卡获客业务中决定性的领导力量，爆发式增长的基础客群成就了招行信用卡部门两年内利润翻番的目标。

三、完善 API 开放平台，实现金融生态合作共赢

为适应新业态下灵活多变的金融需求，商业银行必须打破"封闭式"的服务限制，建立服务开放、平台开放的体系，以 API 开放

平台支持合作方与银行共同完成金融生态圈的构建。通过把银行金融服务封装成外界可识别的数据接口，我们称为 Open API，即开放平台，以开放平台支持合作方与银行共同完成金融生态圈的构建（图 3-1-3）。银行向合作方提供标准的、可消费的金融服务，通过合作方资源，加快业务演进，以场景合作共建为抓手，实现金融生态圈"跨界融合、协同创新、追求多赢"的核心价值。

中国工商银行以场景融合实现应用的突破，构建多方参与的金融服务开放平台，打造总行、分行、合作方及个人独立开发者合作共赢和便捷研发的创新生态圈，形成基于服务融合的内外部合作机制。通过利益分享，银行服务和合作方应用相互促进，实现各方业务滚雪球式增长。商业银行借助于合作方创新服务，吸引更多客户，拓展银行业务营销渠道。合作方通过整合银行开放的金融服务和信息资源，为不同客户群体提供可订制的应用，实现精准营销。开发者由银行向合作方、向客户推荐，将开发者从产业链的后端推到前端协助营销。

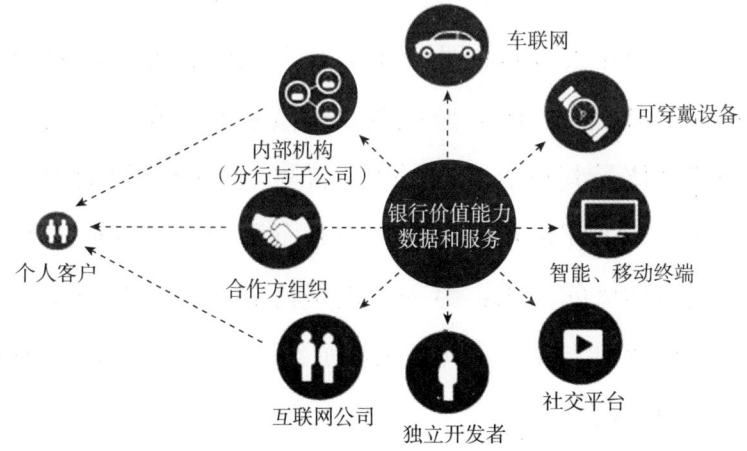

图 3-1-3　中国工商银行 API 开放平台图例

中国工商银行通过 API 开放平台的搭建，实现与合作方开发者之间的数据、服务的合作与共享，突破传统渠道边界，将银行业务办理渠道拓展到合作方渠道，满足客户"一站式、个性化、场景式"服务要求。一是开展场景融合服务创新，支持联网、专线等访问方式，并通过开发者门户提供行业解决方案，便于分行与合作方接入。二是促进跨界合作，通过开放服务，满足用户场景化需求，提升金融产品、服务与用户需求之间的匹配度，加速产品与服务创新，吸引更多的第三方开发者和利益关联方参与其中。三是在运营管理上，特别在合作方接入管理流程方面，以线上线下结合的方式提供支持，提供"智能＋人工"、总分行协同的全面支持体系，真正做到对合作方开放易用。

第二节　普惠金融，提升金融服务获得感

普惠金融旨在以可负担的成本为有金融服务需求的社会各阶层和群体提供适当、有效的金融服务，小微企业、农民、城镇低收入人群等弱势群体是其重点服务对象。普惠金融既重视消除贫困、实现社会公平，又讲究市场性原则，一方面帮助受益群体提升造血功能，满足更多群体的需求；另一方面坚持商业可持续原则，坚持市场化和政策扶持相结合，建立健全激励约束机制，确保发展可持续，让供给方合理受益。

一、拓展金融服务领域，普惠社会群体

随着普惠金融体系建设深入推进，大型商业银行普惠金融事业部纷纷设立，成为社会金融服务的重要供给方。在多重政策引导及大行带动落实下，小微企业融资、"三农"融资、脱贫攻坚融资、基础设施建设、安居工程等重大普惠金融项目成为银行业重点工作。

中国工商银行通过建设开放式金融服务平台，打造个性化专属金融产品，降低金融门槛，扩大服务群体，提升客户收益。借助融e联平台，客户经理可以为客户直接建立线上服务渠道，随时随地和客户交流，打破了原有网点服务的局限。借助融e行平台，在智能SD卡、SIM卡等安全芯片上加载PBOC3.0应用，实现基于安全芯片的移动线上、线下支付功能，便捷客户使用，降低欺诈风险，保障客户交易安全。工银e支付是中国工商银行推出的快捷支付产品，客户可通过多渠道注册开通。工银e缴费为客户提供便捷一致的缴费体验，缴费渠道涵盖柜面、自助终端、电子银行等，降低了客户使用门槛，并支持客户使用他行卡和二维码扫描缴费。工银e生活是中国工商银行推出的全方位、多行业线上线下一体化的生活消费服务和商户管理平台，提高了中国工商银行对收单商户的综合服务能力。工银e校园是中国工商银行推出的一款高校学生专享手机App产品，针对校园生活的日常消费、增值保障、转账支付提供专属服务，是行业内首创的针对大学生客户的综合金融服务平台。该产品有效地扩大了金融服务在大学生客户群体中的覆盖面，提升了大学生群体金融服务的可得性和满意度。工银e投资是为满足客户多样性和专业化投资交易需求而设计的产品，覆盖贵金属、外汇、原油、基金等

主流市场交易品种，支持实时、分时与多种维度的 K 线行情并提供九大市场的资讯信息，帮助用户做出投资决策。

中国农业银行根据创新转型需要，实现了集零售、公司业务于一体的综合智能服务平台——超级柜台。客户可以在多个渠道发起业务，通过高度集成的智能设备，一次性完成多项业务的办理，并实现面对面营销、实物交付及离行应用。该平台采用人脸识别等生物识别技术，高效判断客户身份真伪；创新设计了大堂立柜式、大堂环岛式、低柜桌面式、外出便携式四款硬件版型；应用大数据分析，实现精准营销；设计模块化自适应流程，满足灵活的个性化需求。截至 2016 年，已在中国农业银行 37 家分行 20 000 余家营业网点推动智能化、轻型化、社区化、体验化转型，加载开卡开户、电子签约、外汇、基金、理财、转账等八大类 100 余项产品和功能，覆盖约 90% 的柜面非现金业务，日均业务量达到 200 万笔，年创经济效益 24.51 亿元。通过超级柜台，中国农业银行将金融服务从高柜送到大堂，从大堂送到工厂、学校、医院、农村，送到雪域高原，送到边疆兵团。农业部部长韩长赋高度赞赏超级柜台是践行普惠金融、民生金融的直接体现。

中信银行以"惠民金融"和"互联网+"为指导思想，结合互联网环境特点与零售业务转型要求，打造了"薪金煲"智能投资理财系统。系统创新性地实现了取款、消费等功能与货币基金实时赎回相结合，满足了客户收益最大化的需求，增加了客户黏性，为中信银行"以客户为中心"的零售业务战略转型提供了有力的技术支持。系统的应用推广带来了很好的经济和社会效益，截至 2016 年 8 月，已与 5 家基金公司系统对接，为客户提供 5 种货币基金产品。在市场营销方面，该产品深受客户欢迎，签约总客户数达到220万，其中新客户就占到53%，基金产品总规模达到450亿元人民币，扩大了中信银行托管规模及同业存款的增长。

微众银行以"普惠金融"为指导思想，为个人消费者及小微客户等社会大众提供及时、价廉、安全的金融服务，推出个人信用循环贷款产品——微粒贷。微粒贷产品基于大数据风控模型和分布式系统架构，为微信/QQ等海量客户提供低门槛、全线上、自动化、7×24小时审批放款，实现了普惠金融服务。产品借助社交数据，建立大数据风控模型，管控欺诈风险和信用风险；产品具备5秒出信用额度、1分钟放款到账能力。微粒贷基于人工智能实现自助客服，人工替代率达98%；自主研发的智能支付路由技术实现跨行支付成功率达到99.9%；将视频和声纹识别技术运用到客户身份识别和反欺诈场景，降低风险；运用区块链技术实现微粒贷的实时对账与清算。截至2017年末，微粒贷已向1.3亿人发起主动授信，完成授信客户超过3 300万人，累计借款客户超过1 100万人；笔均贷款仅8 200元、户均余额约1.2万元；1亿笔贷款中，74%的贷款利息在100元以下，真正实现普惠金融服务。"微粒贷"手语客服通过远程视频的模式已经为4 000多名语言障碍人士提供贷款服务支持，帮助特殊群体解决资金缺口。在"微粒贷"的客户结构中，大专及以下学历占比约79%，非白领从业人员占比约77%；约93%的客户贷款余额低于5万元，充分体现了普惠金融的初衷和特点。

二、促进小微企业发展，提振实体经济

小微企业是国民经济和社会发展的重要基础，是创业富民的重要渠道，在扩大就业、增加收入、改善民生、促进稳定、国家税收、市场经济等方面具有举足轻重的作用。党的十八大召开之后，我国的小微企业发展迅速，在国民经济和社会发展中的地位和作用日益增强。丰富小微企业融资途径及产品种类、降低融资成本，扩大小微企业银行服务覆盖面和提升银行服务便捷性等内容是商业银行服务实体经济的重要发展目标。商业银行在业务发展过程中，需要把自身在互联网技术及跨界融合应用等方面的创新实践和比较优势，积极转化为服务实体经济的新模式、新手段，才能真正让银行金融服务通过互联网连通工商百业、惠及千家万户、服务国计民生。

"工银小微金融"是中国工商银行落实党中央、国务院关于大力扶持小微企业发展部署要求，支持小微企业创新创业而推出的服务品牌，以标准化、规模化的方式来服务小微客户，提升了中国工商银行对小微企业的服务范围和服务能力。该产品功能齐全、优势明显，提供了小微企业成长发展有关的各类金融服务，涵盖便捷开户、资金存管、结算服务、线上融资、小微理财等五大功能，打造了集账户服务、支付结算、信息服务、代理服务为一体的平台支持。截至 2016 年底，中国工商银行小微金融已覆盖至物流、旅游、美食、房产、食品加工等多个行业，并与多家企业签订了资金存管协议，提供交易资金管控、预付资金存管等服务。

上海浦东发展银行建设的互联网在线智能融资平台，与第三方深入合作，为零售客户和小微企业主提供"全数据驱动、全流程在线、全自动审批"的"秒贷"在线融资服务。该平台以决策模块为引擎，以数据"燃料"为驱动，实现全程线上自动化审批；通过整合行内外数据，构建大数据模型，准确预测客户潜在资金需求；内置自动贷后预警适配器，由客户、交易维度的风险点触发，结合不同频度、机构的数据处理，线下回访和反馈，实现风险控制闭环。自投产上线至2016年10月，服务客户近200万人次，累计放款约300亿元，实现贷款余额135亿元，取得了良好的市场效果和用户好评。

三、鼓励"互联网＋三农"创新，降低融资成本

"互联网＋三农"创新，旨在将传统农业发展与现代信息技术在各方面进行深度融合，从依赖劳动力投入的传统农业、应用大型机械的规模化农业、集成信息技术的精细化农业向实施全流程把控的智能化农业转型，在更高层面统一设计、融合资源，为整个现代农业提供更加高效的服务。商业银行作为经济资源配置、货币政策传导的重要节点，在服务"三农"方面的业务、技术创新，对降低金融服务成本、扩大受益群体、提升"三农"经济活力起到举足轻重的作用。

中国农业银行通过构建线上线下一体化的"三农"金融生态圈，提供了合作共赢、生态发展的"互联网＋三农"创新服务。基于"互联网＋"服务"三农"战略，自主研发"三农"综合服务平台——"E农管家"。平台以惠农通服务点为依托，面向农村商品流通、农资供应、农产品销售等领域，为涉农生产企业、县域批发商、农家店、农户等提供"工业品下乡""农产品进城"的电子商务服务，以及助农存取款、惠农理财、惠农融资、涉农代理等金融服务。该平台不仅提升了庞大存量智付通机具的使用效能，还实现了惠农通工程互联网化创新升级、农村商品流通领域信息化、线上线下交

易融合等诸多突破，形成了县域批发商、乡村农家店、农民消费者和中国农业银行"服务三农"工作的多方协同、共赢发展的新格局。截至2016年10月底，"E农管家"电商平台共上线商户58万户，其中惠农通终端商户27万户，前10个月累计交易额超过千亿元。通过这个直通田间地头的电商平台，中国农业银行将农户、农家店、批发商和生产商连接起来，打通"互联网+"服务农村金融乃至农村商贸流通的"最后一公里"，为企业减少了20%左右的运营成本，增加了20%的收入，为企业提供了便捷的金融服务。

中国工商银行着重加强对"三农"等实体经济薄弱环节的支持，创新打造了"电商+企业+贫困户"的互联网精准扶贫模式。截至2016年末，融e购上线贫困商户388家，涵盖363个国家级贫困县，上线产品2 633个，累计交易额近98.8亿元。中国工商银行通过将金融普惠特性与自身信贷经验相结合，推出了"工银启明星"科技贷款、河北白沟箱包批发市场租金贷款、四川和安徽茶叶贷款等特色产品，帮助涉农商户提高融资可获得性和降低融资成本，积极服务"大众创业、万众创新"。

第三节　小结

当前，互联网思维下业务与技术的融合发展成为社会各界的热议话题，实际上银行业在信息技术的应用方面向来不是保守者、落伍者，而是信息化建设最早的实践者、创新者。早在互联网兴起之前，国内商业银行已经紧跟信息技术革命的潮流，在高起点上推进了信息化建设。今天的互联网新业态借助大数据、云计算、社交网络和搜索引擎等信息技术,从商品流掌控到企业的资金流、信息流,再延伸至银行支付、融资等核心业务领域,打破传统的金融行业界限和竞争格局,这绝不是简单的技术叠加或替代,更多是对商业银行经营模式甚至是中介功能的全面冲击。商业银行通过加快互联网与金融的融合创新,迎来新一轮的成长。同时商业银行利用自身技术和平台,帮助广大企业实现"互联网+",与各类企业平台实现互联互通,为广大消费者提供更具效率、更富价值的金融服务,与合作方共同打造健康良性、包容开放、生机蓬勃的金融新生态,通过普惠金融更好地服务实体经济转型升级。

第四章　构筑多层级风控体系，保障金融业务稳健发展

当前，金融科技蓬勃发展，为我国的金融发展注入了新的活力，也给金融安全带来了新的挑战。时任中国人民银行行长周小川多次强调，要从国家安全角度研究金融信息与网络安全，建立并完善国家金融安全机制，防止发生系统性金融风险。银行业金融机构综合运用大数据、云计算等技术，开展全面风险管理，不断完善金融网络安全保障体系，全面提升金融科技服务水平。

第一节　完善风险防范机制，加强金融信息保护

近年来，高技术网络犯罪和黑客活动日益猖獗，电信诈骗案件高发，金融机构系统数据失窃、用户敏感性信息泄露、非法倒卖大数据等信息泄露风险日趋严重，公众利益和金融稳定受到巨大威胁。银行业金融机构综合运用大数据分析、改进密码算法等技术建立多层次风险防范机制，在保护金融资产、防范电信欺诈方面取得了显著的成效。

一、防范支付风险,保障资金安全

金融机构通过对欺诈风险和支付风险的研究与全流程管理,实现对风险的态势感知,建立电子支付安全攻防体系模型,开展安全攻防研究,实现对风险进行精准预警和有效拦截,能够有效避免用户资金损失。

中国工商银行的金融交易实时反欺诈系统集风险信息收集处理、分析评级、数据挖掘、实时预警、自动控制等功能于一体,实现了对欺诈风险的事前、事中、事后全流程管理,创建了稳健审慎的风险管理文化,维护客户资金安全,营造了良好金融生态。系统利用 Hadoop 分布式基础架构,搭建国内种类最全、量级最大的银行业欺诈风险信息库;支持风险模型灵活配置部署,适应产品快速创新需要;实现风险服务标准化,支持信息云服务;采用同城双活架构,提供 7×24 小时不间断对外服务;建立了"黑名单定点清除+风险监控模型"互为补充的风控模式。同时,工商银行搭建了银行业欺诈风险信息数据"云平台",商业银行间可合作共享欺诈风险信息数据,进一步推动风险管理的科学化、定量化和精细化。

截至 2016 年 9 月,该行的金融交易实时反欺诈系统共成功拦截电信诈骗 9.6 万起,为客户避免经济损失 14.6 亿元,防控电信诈骗有效率达到了 96.7%;成功拦截信用卡欺诈交易约 2.08 万笔,涉及交易金额约 1.94 亿元,避免账户损失金额约 21.26 亿元,有效防范美国家得宝公司信息泄露案、希尔顿酒店信息泄露案等多起欺诈案件;成功拦截电子银行欺诈交易 3.7 万笔,涉及交易金额 9 521.03 万元。

中国银联针对电子支付安全开展了攻防体系研究工作。研究采用了以攻防技术为基础、以支付安全风险为核心、以持续改进和自主创新为方法、以机制建设为保障的工作流程与方法，整体建设研究思路如图4-1-1所示。

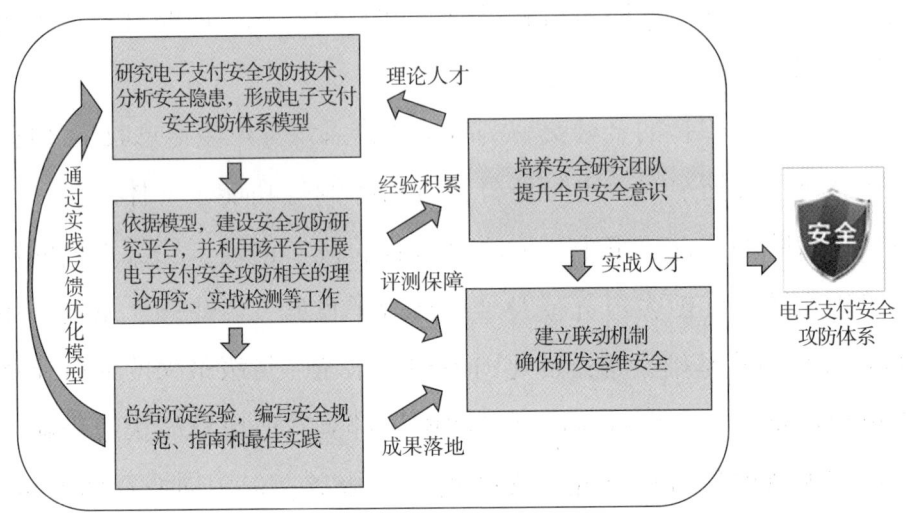

图4-1-1 中国银联电子支付安全攻防体系研究工作思路

在整个体系研究过程中，中国银联通过吸收借鉴和自主创新总结出了一套持续改进的安全攻防体系建设方法论，提出了新的电子支付安全攻防体系模型，形成了较为完整的安全攻防理论体系和覆盖算法、协议、方案、产品全方位的安全研究基础环境，开展了多个支付系统的渗透测试和移动支付App攻防检测，编写了《电子支付领域云计算环境安全指南》，修订了《网上银行系统信息安全通用规范》，撰写了《移动支付安全编程最佳实践（Android版）》《手机支付应用安全风险与攻防技术大全》等多篇文档，组建了达到金融行业领先水平的电子商务与电子支付国家工程实验室安全研究团队。同时，中国银联在内部建立研究部门、开发部门、运维部门的部门级联动机制，在外部与多家银行、高校或研究所等研究机构、国内外安全厂商建立联动机制，共同应对安全事件，确保电子支付的安全。

二、应用国密算法，增强交易安全

随着密码技术和计算技术的发展，目前广泛应用的 RSA、DES 等加密算法面临日益严重的安全威胁。随着金融安全上升到国家安全角度，国家有关机关和监管机构站在国家安全和长远战略的高度提出了推动国密算法应用实施、加强行业安全可控的要求。摆脱对国外技术和产品的过度依赖，建设行业网络安全环境，增强我国行业信息系统的"安全可控"能力显得尤为必要和迫切。近年来，金融领域商用密码算法应用稳步推进，有力提升了银行业网络和信息安全可控能力。

中国人民银行的安全信任体系遵照标准 CA 进行建设，继承 "863" 攻关成果，同时支持 RSA、SM2 两种算法，并支持这两种算法信任链的管理。系统的部署采用一套软硬件体系进行支撑，针对不同算法的信任链实现精细化管理；采用双机热备软件和磁盘阵列设备，在确保数据安全的基础上，可提高服务的可靠性。该体系开展了跨体系 SM2 算法数字证书典型应用尝试，不仅针对 CA 认证系统进行了 SM2 算法的升级、在 CA 认证系统自身率先使用 SM2 算法证书进行登录认证，同时在中国人民银行和外联机构信息系统间进行了 SM2 算法数字证书的试用，验证了技术方案、总结了经验，对于后续银行业 SM2 算法的使用有较大的借鉴意义。

中国人民银行的安全信任体系不仅为内部员工使用重要业务系

统提供身份认证服务，而且为接入中国人民银行重要金融服务信息化渠道的各联网机构提供不可抵赖服务，同时实现与国税、海关横向联网中的跨部委信任体系之间的交叉认证，具备按需签发RSA1024、RSA2048以及SM2算法数字证书的能力，有力地支撑了重要信息系统国密算法应用改造。

中国银联支持国产国际双算法体系的银行卡跨行交易平台是我国银行卡交易的核心枢纽系统，连接境内外的发卡与收单机构，提供7×24小时的银行卡转接与清算服务。平台应用国产密码主要涉及银联跨行转接系统、银联收单系统、银行相关前置系统。平台基于ISO 8583/联网联合规范进行SM4算法兼容的设计，在原有报文结构和长度不变的情况下，通过设置算法标识等方法，增加了对SM4算法的兼容；设计了银行卡跨行转接系统规范，支持3DES、SM4两种算法的PIN（个人标识码）加解密、MAC计算（报文鉴别码计算，用于报文完整性校验），具备算法自动识别、交易自动转发的处理机制。转接系统在实现上述规范的同时兼容单SM4算法、单DES/3DES算法、SM4与DES/3DES混合使用的机构系统，可根据受理地区、交易类型设定算法类型。

中国银联支持国产国际双算法体系的银行卡跨行交易平台，截至2017年12月，已经带动了1 000多家银行的跨行交易应用国产密码接入，对相关银行卡体系内单位进行支持国产密码的产业部署，提升了包括相关技术标准、芯片、IC卡发卡、终端支持、检测认证等产业环节全面支持SM算法应用的能力，验证了金融重要信息系统应用国产密码的可行性，为国产密码规模化应用积累了经验，奠定了基础。

第二节 创新风险管理手段,支撑业务稳健发展

商业银行全面开展风险管理,能够有效控制风险,完善资源配置,加快转型升级步伐。近年来,商业银行不断创新风险管理模式,通过数据挖掘、数据标准化、业务全流程管理、风险精细化管理等手段,实现风险的早期预警、持续监测和化解处置,并为业务决策、客户营销等领域提供支持。同时,能够有效提升工作效率,节约经营成本,进一步提升市场竞争力。

一、运用数据分析,支持风险预警

商业银行通过大数据、云计算等新技术理念开展风险管理的全流程控制,能够充分整合信息,提升信息综合使用能力,有效提升风控水平。同时,能够有针对性地实施营销、促进业务开展,并为业务决策提供信息支持。

江苏银行客户风险预警系统基于大数据和数据挖掘技术,建立了客户风险预警模型和客户黑、灰名单库,建设了内外部数据平台。平台数据来源标准、完整、全面,构造了多层次、多角度涵盖客户各类风险因子的预警模型,形成了风险预警决策引擎和单入多出的预警技术架构。系统实现了多渠道提示客户风险信号并且应用大数据技术展示客户关联图谱,可以对客户风险状况"自上而下、自下而上"持续监测和早期预警,为客户准入、授信审批、贷后管理以及风险化解处置等方面提供决策参考。系统投产以来大大提高了全

行授信精细化管理水平和风险管控能力，同时，系统为税e融合作银行提供合作客户的预警指标，有效协助合作银行加强风险管控。

二、打造管理工具，提升风控能力

银行业金融机构通过技术手段改造传统业务模式，实现全流程精细化的风险管理，有效增强风险控制能力、优化资源配置、提升用户体验。

中国外汇交易中心全流程风险精细化管理平台为金融机构提供本币、外币、理财等各业务条线的风险管理、本外币整合风险管理以及本外币统一授信管理等功能，帮助金融机构在资金业务条线建立起全流程精细化的风险管理体系和监控手段。系统功能包括：采用云服务模式，快速响应市场变化和监管新规，降低了技术成本；采用缺省参数及个性化配置相结合的方式，满足多样化的业务流程与管理模式；通过多种通信接口，实现与机构内外系统的集成互联。自平台推向市场以来，市场用户数和终端数增长迅猛，市场覆盖面包括政策性银行、全国性商业银行、中国邮政储蓄银行、城市商业银行等各类金融机构。

"中国工商银行营业机构核算印章电子化用印及风险控制体系"搭建了集中统一的业务用印处理平台，建设了"标准统一、流程统一、介质统一、信息完备"的核算印章管理体系，具备了业务用印服务标准设定、电子化及自动化用印、业务用印结果验证、业务用印来源及过程跟踪等功能，显著提升了中国工商银行核算印章用印风险管控水平。通过采用电子图形印章动态合成及 OCR 识别技术，在业界首创电子化业务用印模型，实现智能用印对传统人工盖章的全面替代；通过分类提炼共性及个性用印要素，采用匹配的数据安全方法，创造性地设计了业务验证机制，安全可靠地实现了业务用印的防篡改、可验证。通过数据模型与集中和分布存储，达成业务用印数据的实时、无损保留，实现了业务用印的可追溯、信息化。通过建设，中国工商银行构建起集团统一的全新的核算印章管理体系，形成系统有控制、使用有记录、管理有规范、检查有手段的核算印章管理新格局，解决了传统实物用印模式下印章使用和业务场景分离的缺陷，破解了核算印章管理有规不循、屡查屡犯、屡禁不止的行业性难题。

中国银联数据服务有限公司的数据资产管控平台可以对银行的整体催收业务生命周期进行有效的覆盖与管控，将银行、银联数据、外包公司整合到催收联盟中，实现委外数据的分拆、打包、分配给授权的外包公司，有效提升银行催收业务效率与竞争力。自 2015 年 5 月数据资产风险管控平台上线以来，新签约的客户银行全部使用该平台进行项目实施和上线，截至 2016 年 12 月，已累计实现 22 家银行上线及 14 家银行的迁移工作。

严控系统性金融风险是商业银行的历史责任，面对经济下行、资产承压的巨大压力，金融机构积极完善全面风险管理体系，持续加强全业务、全流程、全口径的风险管理，强化风险的前瞻性管理，通过信息技术手段不断加强对系统性、区域性、行业性、集群性风险防控，把握风险产生的关键节点，筑好风险抵御的安全堤坝，保障业务经营和管理协调、健康、稳定发展。

第三节 完善科技风险防护体系,保障银行业务连续性

完善安全技术防护体系,开展IT风险研究,推进安全可控战略,完善业务连续性建设是商业银行健全安全保障体系永恒的话题。近年来,商业银行持续创新管理观念,增强安全意识,丰富技术手段,扎实提高银行业安全保障水平。

一、创新识别方法,构建风险基础库

银行业金融机构开展信息化建设的基础研究,统一风险认知,能够提高银行信息科技风险管理水平,为下一步发展目标和重点任务提供了纲领性指导。

中国建设银行的信息化建设风险识别方法及风险库的建设,借鉴了国内外业界标准,深入分析银行内外部典型事件、监管风险提示,建立了信息化建设风险要素模型、识别方法、评价标准和风险数据库,实现了对IT风险的有效识别,明确了风险管控目标和重点,提高了银行信息科技风险管理水平。研究建立了信息化建设风险构成要素模型,统一风险认知,形成了以下风险识别的方式方法:一是通过基于风险场景的分析方法,提出具体可行、操作性强的风险识别方法;二是通过研究建立定性与定量相结合的风险评价公式,明确风险等级,建立风险评价标准;三是运用信息化建设风险识别方法对信息化建设流程、合规、应用系统、系统资源、网络通信、物理环境等常见风险进行识别,建立全行统一的风险基础库。中国

建设银行已在全行运用信息系统风险识别方法和风险库开展应用系统风险识别及评估工作，在十多家分行运用风险识别方法和风险库对系统资源、网络通信、物理基础环境等进行风险识别，明确具体风险点，改进应急预案场景。

二、防范 IT 风险，提升业务连续性

随着社会公众对金融服务连续不中断运行的需求和金融监管机构的要求不断提高，银行业金融机构亟须提升业务连续性管理水平。基于开源、云计算等技术实现 IT 系统的开发和转型，可进一步提升数据中心高可用和容灾保护能力，防范业务连续性风险。

中国人民银行开发的网管监控系统采用成熟的开源架构体系，实现了实时监控、阈值告警以及短信告警等基本的监控功能，具备网络拓扑流量、流量报表、日志采集等网络管理核心功能，开发了线路管理、线路质量分析、网络配置核查和分析、OSPF 协议状态分析等网络辅助管理功能。系统以开源的 Cacti 系统为核心，插件式的平台架构设计思想，集成了多种开发环境，通过 IPMI 或者 SNMP 的标准化协议，可以对服务器的硬件和机房环境设备进行全方位监控，并实现对数据中心云业务的监控。网管监控系统的开发和建设，有效地满足了提高人民银行网络运行管理水平的迫切需求，推动人民银行网络管理实现安全可控，安全有效支撑央行履行职能，更好地保障国家金融信息安全，支持社会经济健康稳定发展。

华夏银行基于软件定义的新一代金融云网络，创新地建立了敏捷业务网络，贯彻了"总、分、支"一体化灾备的设计思想，以无阻塞的交换架构和稳定可靠的集群方案应对当前云计算大数据时代

大流量和开放弹性的挑战。系统包含了总、分、支三级灾备体系一体化垂直贯通、基于OverLay的双活网络架构、基于真实业务流量的监控技术、基于SDN的智能流量调度技术、基于SDN的云端业务自动发放等五大创新点。其中，在数据中心领域，华夏银行采用了微波通信技术，彻底消除了数据中心网络"孤岛"隐患，提升数据中心通信容灾能力；在广域网（一级骨干网）领域，采用了基于SDN的广域流量调度技术，实现了关键业务流量调度的智能化。这两项技术在国内银行同业中属于首次使用。

华夏银行基于双楼宇基础设施架构的全方位双活平台是以数据中心进行虚拟化云架构转型、提升数据中心业务连续性为目标实施的基础架构项目。项目在园区两楼宇独立配备机房设施，以及存储、主机、数据库应用等基础平台，采用了服务器虚拟化集群部署、分布式数据处理、数据库逻辑故障保护等技术，建成统一的楼宇资源池共享及接入，提供了一种新型的数据中心高可用及灾难防护模式，实现了业务系统从机房楼宇设施、网络、服务器、存储设备、操作系统及数据库，到应用程序的全方位双活运行，增强了银行业务系统的风险防控能力，有效降低了因系统基础软硬件故障带来的运维风险，为华夏银行业务系统的安全稳定运行奠定了坚实的基础。平台解决了生产中心切换短板，有效降低故障处理和运维对业务停办时间的需求，平衡了双楼宇的主机及数据库处理压力，缩短了系统交易响应时间，提高了系统运行安全性，节省了20%性能保障的建设成本。

丝路基金有限责任公司基于全生命周期数字安全管控的一体化智能协同云平台集全领域的协同平台、灵活业务流程平台、运营管理数据中心于一体,具有高可用性架构,支持跨平台、多数据库、跨浏览器,在安全可控的前提下解决了公司数据共享、协同办公等切实需求,提高文件流转审批效率,提升了公司管理水平,提高整体工作效率和工作体验,并且为企业决策提供数据支持。

第四节 小结

近年来,银行业务越来越互联网化,在带来便捷的同时也带来了问题。面对金融网络安全的挑战,各银行业金融机构应加快信息化建设的基础研究,着力建设银行业信息安全防御体系,增强采用技术手段感知安全防护的能力,提升银行业网络和信息安全可控能力。同时,各银行业金融机构应不断开展IT风险研究,推进安全可控战略,完善业务连续性建设,稳步提高安全保障能力,不断提升信息科技管理水平。

第五章 强化基础服务能力建设，推进银行核心系统升级

为顺应新时代金融发展趋势，推动商业模式转型，面向追求更极致客户体验、使用更智能管理手段、遵循更开放商业模式的需要，各家商业银行近几年先后启动了新一代核心业务系统的升级和改造，呈现出以客户为中心、支持利率市场化、快速产品创新、全面风险管理、提供更丰富的信息支持精细化经营管理决策及降低IT成本等特点。

核心系统是银行信息化建设的关键，是银行业务经营的基础。随着全球金融环境的不断向前发展，拥有灵活、安全、可靠的核心业务系统是银行对外提供服务的基础保障。特别是随着技术的发展，人们的消费环境和生活方式都发生了根本性的变化，银行的核心系统直接决定了银行对市场需求、客户服务的响应效率。以农业银行BoEing系统为代表的新一代核心业务系统上线，以业界领先的技术架构和业务架构整合了各类产品与服务，为银行业推动核心系统转型开辟了新的道路。国有商业银行、股份制商业银行、政策性银行、城市商业银行、农村信用社等在核心系统建设上的创新，推动了银行业务、信用卡、保险等产品和服务升级，形成各具特色、百花齐放的良好发展态势。

第一节 优化系统架构，提升银行业务服务能力与竞争力

随着银行业发展和改革的深入，银行业务逐步向国际化、综合化、高效化发展。在利率市场化改革、互联网业务蓬勃发展的带动下，银行业务快速变革、金融业态不断创新，传统的核心系统架构已不足以支撑越来越灵活的业务发展与创新，无法满足产品快速创新、业务流程再造、新业务领域拓展以及内部运营与风险管理等方面的需要。正是在这种形式下，商业银行在建设新一代核心业务系统时，着力提升信息系统基础能力，面向业务长远发展，从优化、重构核心系统架构入手，实现了以账务为中心向以客户为中心进行转变，以交易为导向的系统设计向以服务为导向和基于面向服务的架构（SOA）进行转变；同时，通过业务产品组件化与产品装配工厂方式、采用业务与核算有效分离的"瘦核心"架构，有效支持了银行业务产品的快速创新，助力业务发展。

一、深化 SOA 企业架构，打造新核心系统

传统以账户为核心、基于 C/S 架构的核心系统在银行业务创新发展的形势下，逐步体现出服务支持能力差，业务功能、数据架构、技术接口缺乏标准化与规范化等问题。因此，各商业银行纷纷采用基于 SOA 架构的核心银行体系，构建 ESB 企业级服务总线结构，以金融产品服务为导向，实施系统转型。

中国农业银行新一代核心银行系统（BoEing）立足于农业银行

"3510"战略目标和建设"世界一流的现代商业银行"的战略远景，按照企业IT架构方法论，全面重构了农业银行核心业务的应用架构、数据架构、基础架构，基于SOA的设计理念，将核心业务系统的功能以服务的方式对外围系统发布，实现了从上一代核心业务系统以账户为中心向以客户为中心的转变。BoEing系统由基础平台、产品应用、基础服务、客户端等部分构成。其应用部署在主机上，所有主机应用的接入请求均需通过总控服务进行接入控制及程序调度。以客户为中心，建立的统一客户视图、统一产品模型如图5-1-1所示。

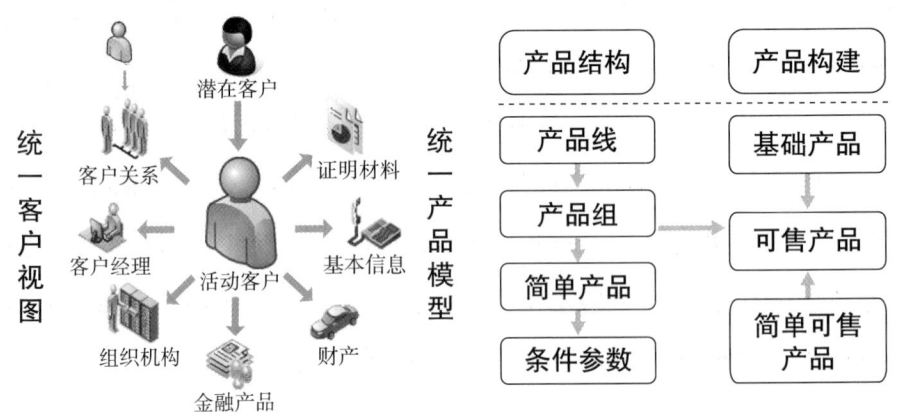

图5-1-1 中国农业银行新一代核心业务系统（BoEing）

中国农业银行新一代核心银行系统（BoEing）参考工业化的产品制造流程，设置产品工厂，进行产品的统一管理。通过对产品要素和功能进行参数化、组件化，将银行现有的产品功能抽象成若干业务要素和功能，实现对金融产品的高度模型化，实现产品快速开发。其主要特点包括：实现核心业务的"交易与核算分离"，解耦核心业务系统业务功能与会计核算；基于合约架构，在同业中首次构建面向合约的多栏式余额的各类账簿，全面记录各类产品与服务的债权、债务、服务事项过程和结果信息，满足产品记账服务；建立丰富的定价模型，提出一种以利率参数为中心、利率各要素相整合、利率定价多维度化、客户议价高度自由的整体解决方案，支持按客户类别、渠道、交易金额等各种维度进行定价，允许在不扩展现有物理模型基础上不断增加新的定价维度，通过定价模型实现对全行收费定价和优惠统一管理。

包商银行基于 SOA 架构的核心银行系统在企业服务总线层面构建了针对支付交易类、非支付交易类、电子渠道类三个层次的基于 ESB 企业级服务总线结构，提供了服务接入、服务路由、服务调用等功能，允许系统间服务以模块化和灵活的方式彼此通信，通过仲裁服务将请求与服务连接起来，前台、中台、后台服务通过该总线结构可有机连接，使信息流转更为顺畅。

此外，兴业银行境外核心系统、上海银行互联网银行核心业务系统、四川省农村信用社联合社面向多法人的瘦核心业务系统等，在新核心的架构设计上也均采用 SOA 架构，通过 ESB 发布服务的方式实现系统间交互，系统的扩展性与灵活性得到了显著提升。

二、业务组件化与流程化，支持产品快速创新

为了应对市场竞争，满足客户差异化的产品需求，需要支持产品快速创新，这对核心业务系统的建设模式也提出了新的要求，最大的问题就是如何快速响应业务，快速创新产品和服务。通过将大量成熟且实用的业务功能以组件和模块的方式进行高度封装，并结合业务流程引擎，使得开发人员在实现业务功能时，根据业务流程

对已有的业务组件进行配置即可，极大地减少了代码开发与维护的工作量，有力地支持了业务的快速创新，敏捷响应各种差异化需求，缩短交付周期。

广发银行新一代信用卡核心系统中，采用原子交易定制及功能组件化技术，通过后台程序与交易接口以及交易码的三个层级的映射，推行交易原子化、接口的标准化、功能的组件化。根据不同的需要参数化配置原子交易及交易接口，实现外围渠道系统的快速接入；建立多余额、多额度的账户体系，实现了不同交易类型、不同渠道等多维度、多层次的差异化定价，支持利率市场化；构建资产分类模型，支持资产的分类管理和灵活配置，并保持了其一贯的性能优势，完全满足大卡量、高交易流量的处理要求，实现了对广发银行快速发展的信用卡业务的强有力支持。

中国工商银行的工银安盛个人及团体保险核心系统通过建立完整的保险全产品管理模型，实现保险产品灵活定制和快速发行；通过工作流引擎建立了完整的保险运营流程管理体系，支持业务流程的快速配置和流程创新。通过建立可配置的保险业务规则及计算引擎，实现了核保和费用计算自动化；通过集中管理所有个人及对公保单，建立统一的批处理引擎，实现复杂的保单全生命管理的自动作业；通过并发处理、调度机制和实时监控等保证了作业处理的时效性和健壮性；通过建立面向保险产品销售和客户服务的 API 开放平台，支持对银保、第三方合作和互联网保险金融等新渠道统一灵活接入；采用集团数据仓库技术，实现了统一客户信息管理体系；通过采用 OCR 影像识别、跨应用界面无缝集成和基于数字签名的电子保单等技术，构建了对客户自助投保、互联网保险金融等新业务模式。

上海清算所新一代综合业务系统是我国场外市场第一个主要服务于金融衍生品和创新金融产品的中央对手清算和集中托管一体化的技术平台，主要业务包括本外币登记结算、现货衍生品清算结算、全额净额清算等多种业务。上海清算所在新一代综合业务系统的架构设计中，将业务层级划分为交易层、清算层和结算层，使各层模块之间松耦合、易于扩展；通过抽象基础金融服务，对证券簿记和资金簿记两大业务公用的基础簿记功能进行抽象和接口的统一封装，对外接口提供参数化配置，支持新业务的扩展；通过提取公共模块，实现参与者管理、产品管理、费用管理、要素检查、运行调度等功能，并结合 SOA 思想设计原子服务，形成清晰标准的子系统调用流程，为功能和业务扩展提供了统一的设计结构和接口。

国家开发银行支持住宅金融事业部业务全过程分账核算的核心系统采用 SOA 架构，系统间均以在 ESB 发布服务的方式实现系统间交互，实现了清算层级与机构层级的分离，清算路径不受机构层级设置的制约。针对事业部实现从资金定价管理到资金运用再到资金支付的全方位的独立核算。同时，为配合国开行日后事业部机制的进一步扩展，系统通过灵活配置参数一次性解决事业部机制在核心系统的落地问题，建成既支持国开行总分行二级清算模式又支持事业部机构层级的开行集团架构的核心系统，对提升开行营运创新能力和业务竞争能力具有积极意义。

广东南粤银行基于分布式群集架构的支持多法人的新一代核心系统以服务方式提供标准化的接口规范，在业务和流程上采用组件化、参数化设计，可灵活定制，以适应市场的变化和客户的个性化需求。面向服务的业务功能组件在通过信息总线统一发布、部署并组合应用，极大地提升了新业务功能快速开发、快速部署、快速上线的能力，具备较好的开发敏捷性。通过综合前端整合、集成后端系统功能服务并生成统一展示界面，具有很强的灵活性和扩展性。通过产品系统与会计核算处理适度分离，构造以稳固的账务"瘦核心"为基础的专业化产品应用系统体系。会计核心系统承担全行账务核算、总账核算职责，负责会计核算账户的集中管理和账务集中处理，是各业务系统的核心系统，是应用系统的"瘦核心"系统，稳固的账务"瘦核心"支撑专业系统产品创新；产品系统专注于交易逻辑和业务流程的处理，突出产品工厂设计理念建立快速创新能力，支持灵活业务流程再造，实现流程与业务敏捷性。

此外，上海银行互联网银行核心业务系统、包商银行基于 SOA 架构的核心银行体系、四川省农村信用社联合社在面向多法人的瘦核心业务系统也都通过系统的服务化、参数化、模块化、接入标准化实现了业务产品的快速创新支持。

三、构建以客户为中心体系，助力营销提升

传统核心系统以账户为中心的设计思想无法满足客户日益变化的个性化、差异化需求，也不利于商业银行基于对客户信息的挖掘分析为营销工作提供数据支持，开展精准营销与差异化营销。因此，在各家商业银行的新核心系统设计中，首要的事就是将传统的以账户为中心设计思想转向为以客户为中心。

中国农业银行新一代核心银行系统（BoEing）构建了全行统一的客户信息管理体系，通过建立客户信息统一视图、统一客户信息

服务、全方位客户信息记录、完备客户营销管理、全面客户风险识别等，满足全行以客户为中心的经营管理和市场营销需求。

一是系统首次在全行引入"参与人"概念，客户信息服务范畴更加广泛。客户信息包括传统的银行客户（个人客户和组织客户）、与银行业务有关的第三方（如财政局、基金公司、法人代表等）以及为银行客户提供服务的银行员工、客户关系经理、银行分支机构，以及银行本身等。

二是创新性提出了以客户为中心的管理体系和配套的组织结构。以客户为中心的管理体系包括发掘潜在客户、全面客户信息管理、客户行为记录分析、客户营销支撑、客户评价管理、客户风险识别等。系统通过采集客户行为数据，主动识别和完善客户信息中相关数据项，提升客户信息质量。同时，基于客户信息的分析，进行客户风险识别和客户营销活动，更进一步完善客户的信息。

三是系统首次提出建立全行客户信息统一视图，提供统一客户信息服务。以核心交易系统的客户信息管理体系为基础，通过系统数据整合以及大数据分析挖掘，建立内涵丰富、易于扩展的客户信息统一视图模型，涵盖1 000余项客户信息，支持以客户为中心的客户基本信息、管理信息、资产视图、风险管控，为存款、贷款、投资、营销等业务领域提供客户信息管理、视图服务、精准营销等不同类别的服务支持，真正构建起"基于全行视角的最为完整、最为实时、最为权威"的客户信息统一视图服务。

四是系统创新性地引入基于业务场景的客户统一视图分层管理思想，覆盖客户在银行的全生命周期管理，为对客交易、内部管理、产品营销、分析挖掘等应用场景，提供不同层级的客户信息服务。

实现了客户从潜在客户、准客户、潜力客户、贵宾客户到非活动客户的整个生命周期的全程跟踪。

广发银行围绕信用卡产品综合管理,努力实现"六化一中心"目标,即以客户为中心,产品模型化、业务流程化、架构组件化、管理信息化、风控体系化及海内外一体化,通过建立全新的账务和综合账户体系,提供全行统一的客户和产品视图,有效支持产品快速创新(图5-1-2)。

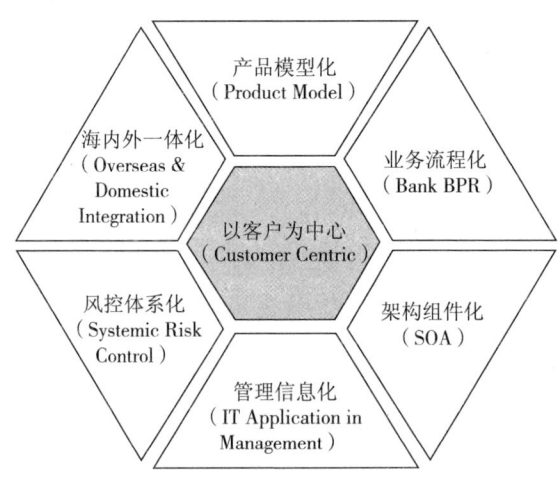

图5-1-2 广发银行核心系统六大特征(中国金融电脑)

广发银行新信用卡核心系统充分融合以客户服务为核心的设计理念、高度灵活的参数化体系和多个功能模块,为客户提供了丰富、完善的信用卡集成解决方案。广发银行信用卡业务,涵盖包括卡片、账户、客户管理等,核心系统对于实现和优化包括商户管理、清分清算、账务处理、欺诈监控、代收代付和市场营销等卡相关业务发挥了积极作用。通过对接大数据平台和企业级客户信息管理平台,整合客户信息和服务,实现了客户画像和行为分析,提高了客户精准营销和实时风险控制的水平。

四川省农村信用社联合社在面向多法人的瘦核心业务系统中，遵循"以客户为中心，以产品为导向"的设计思想，在数据模型中建立了客户账户、产品账户、核算账户的三层关系。在业务模型中，依据自身服务方式，定义相关产品属性。客户到银行根据其自身的服务要求选择产品签订服务协议，获取相应的介质或客户账号。客户需要服务时，凭其介质到相应渠道办理业务，银行根据其介质对应的服务协议（产品账户），按服务条款进行账务处理，处理的结果反映在核算账户中。

此外，兴业银行境外核心业务系统、上海银行互联网核心业务系统、广东南粤银行新一代核心业务系统等新核心在系统的设计思想、数据模型以及业务架构上也都采用了以客户为中心设计模式取代传统的以账户为中心的设计模式，这为银行更好地为客户提供个性化、差异化服务奠定了基础。

四、探索应用新架构，支持业务"互联网＋"与国际化

随着互联网和移动互联网的快速发展，互联网金融已成为一种新的金融业态。利率市场化的全面推进，不断挤压商业银行传统的存贷利差盈利空间，给银行的成本管理、盈利能力提出了更高要求。各种"余额宝"、P2P网贷等互联网理财产品的兴起，掀起了一波互联网金融的浪潮，给商业银行传统获客方式、市场垄断、金融中介地位等带来了冲击。商业银行在面临新技术、新环境、新业态带来的挑战，唯有主动求变，加快转型步伐，积极应对挑战。另外，在进行互联网转型的同时，商业银行也面临着随着业务的国际化发展，

需在境外设立海外分行,现有核心系统不能较好地满足境外监管要求以及境外业务处理的需求等挑战。因此,商业银行在建设新一代核心系统的时候,也对互联网转型与国际化发展进行了有针对性的设计与支持。

上海银行互联网银行核心业务系统作为银行实现"互联网+"战略的重要支撑,在技术上实现了 SOA 服务、集群部署、分层设计、统一接口规范、统一数据管理、金融产品标准化等技术创新,业务上实现借贷合一账户模式、统一定价、线上获客、第三方合作引流、支付核算分离、独立金融业务扩展和支撑第三方互联网平台公司业务扩展双重模式等业务创新。项目投产后,对接互联网第三方平台 30 余家,推出了多款适应市场的金融产品(如电子支付、信用消费贷款、理财业务),提高了上海银行对客户的服务能力和水平。

兴业银行围绕"兴业集团化、国际化发展的战略",精准定位香港海外分行的业务,前瞻式地构建核心系统平台,持续推进了"以客户为中心、以产品为导向、以公共服务为基础"的经营理念。兴业银行境外核心业务系统是为了满足兴业银行第一家大陆地区外分行——香港分行的开业而专门设计的系统。因香港法律环境、监管环境、经营环境等特殊要求,兴业银行现有 IT 基础设施、生产系统及管理系统无法直接移植到香港分行使用,合理设计与建设 IT 系统成为香港分行牌照申请与开业运营的关键之一。该系统的建设和投产为兴业银行在香港开展存贷款业务、资金汇划与清算业务、贸易金融业务、资金业务等提供了有力支持,提高了数据集中统一管理和分布查询的能力,实现多级管理机构、多级操作人员之间不同级别的交易权限、数据查询权限的管理与控制体系,为兴业银行其他境外分行的筹建奠定了技术支撑平台，满足了兴业银行集团化、国际化发展的战略需求。

第二节　加强技术创新，提高核心系统服务与自主研发能力

党的十八大以来，习近平总书记把创新摆在国家发展全局的核心位置，高度重视科技创新，提出一系列新思想、新论断、新要求。各家商业银行在开展核心业务系统建设的时候，始终坚持科技是第一生产力的基本原理，多措并举，通过在技术上的不断创新，来提升核心业务系统的性能、增强业务处理的灵活性与扩展性、提升基础服务能力，打造全新的服务体系。同时，通过技术创新增强了商业银行核心业务系统的自主研发能力，改变了原有普遍采用国外产品、开发维护成本高等现状。

一、构建融合式体系架构，增强系统处理能力

中国农业银行新一代核心银行系统（BoEing）充分发挥了主机平台和开放平台的各自优势，在物理部署方面，根据"高效稳定运行、节约资源成本、安全自主可控"的原则重新定义两者边界，构建融合式的体系架构。主机平台部署核心应用，各渠道接入或前置预处理部署在开放平台。通过读写分离的原则进行应用模块之前的解耦合，z/OS主机保留核心产品业务功能，Linux开放平台部署耦合度低、数据更新频度低的非核心应用功能。通过优化跨行交易路由，将原本由卡交换提供的路由功能下移至开放平台，仅此一项工作就

节省了主机资源 5 000 个 MPS。在功能分布上，BoEing 系统将主机 DB2 作为数据源，开放平台使用 Linux 分布式集群的形式运行程序逻辑，采用 IBM 的分布式关系数据库体系结构（DRDA）访问主机 DB2，实现同一个应用交易跨主机和开放平台运行；在数据分布上，综合考虑数据重要性、时效性、读写性、周期性，将过期历史数据表、超大数据量表等数据，通过主机 DB2 数据采集工具 DATAMOVE 进行数据抽取，使用数据交换平台进行数据传输至历史数据查询系统和基于 Hadoop 的大数据平台，其中历史数据查询系统作为核心系统的一部分对外提供历史明细联机查询服务，从而形成主机、开放和大数据平台组成的三级数据存储架构。

四川省农村信用社联合社在面向多法人的瘦核心业务系统建设上，有机地结合主机的高可用性和开放平台的灵活性，实现了复杂系统环境下的高可用性、超大数据规模下的高并发处理，构建了可快速横纵扩展的物理架构。其核心子系统部署在 IBM 大型机上，满足业务连续性和"纵向性能扩展"的要求。其服务注册、管控和服务接入以及渠道系统等则部署在 X86 平台，满足"横向性能扩展"的要求。

二、丰富技术创新举措，提升系统可用性

银行的核心业务系统承载了银行大部分业务以及关键业务的处理，具有大交易量与并发度，其处理性能的好坏直接影响全行业务办理与客户体验。商业银行在建设其核心业务系统的时候，在技术上采用了多种有效的措施，大幅提升系统的处理性能，提高系统运行的稳定性与高可用性，保障业务的安全运营。

中国农业银行新一代核心银行系统（BoEing）在国内同业核心业务系统中，首次使用TCP/IP短连接通信接入主机，减少了管理路径和分支，避免了中间环节运算、转发的消耗及故障点的影响，提高了系统的稳定性与可用性。短连接在主机高可用的前提下，实现了在网点终端启动后，通过无线灾备网络即可保证网点正常开门营业，提升了系统的灾备能力。

上海清算所新一代综合业务系统面对大计算量、高并发查询需求的应用场景，采用了分布式数据缓存组件技术，池化数据缓存模型，最终实现缓存的分布式部署和负载均衡；通过分布式协作中间件、Epoll模型等提升缓存系统的I/O并发性能；并重新设计了基于非阻塞的两阶段提交协议，确保以异步、松散的方式在分布式环境下进行可靠的消息传输和数据交换。

广发银行新一代信用卡核心系统通过动账触发账务处理等技术功能，在应用层面监控每日发生账务变化的账户来触发交易账务处理。新系统通过对卡/户/人及相关大型文件进行拆分，采用分区并行处理技术，将核心账务文件拆分为多个分区并行处理，达到系统资源利用率的最大化。上述创新性技术提升了系统性能，加强了信用卡系统的应用支撑能力。在2016年"双十一"期间，该核心系统金融交易峰值达1 350笔/秒，非金融交易峰值达到1 200笔/秒，当日总金融交易量峰值达1 000万笔，总交易金额约30亿元。

中国工商银行的工银安盛个人及团体保险核心系统通过并发处理、调度机制和实时监控等保证了作业处理的时效性和健壮性。系统投产以来，共计承保新单46.4万件，处理保全项28.7万项，理赔结案5 700余件，信息系统日均业务量从2013年的577笔上升到

2016 年的 2 058 笔，增长了 3.6 倍。在业务量持续攀升的情况下，信息系统可用率保持在 99.95% 以上的较高水平。

上海银行在互联网核心业务系统中采用多种机制实现应用负载均衡，实现了业务连续性与高可用性，并保证了应用的高扩展性，实现了基于交易量的流量控制，有效防止了由于瞬间的大并发交易对系统带来的冲击，保证了系统高效而稳定地运行。

四川省农村信用社联合社在面向多法人的瘦核心业务系统通过 AB 交易日志循环使用、主备客户主档与应用级脏数据处理，系统日切时只更新系统状态和会计日期，实现了日终批处理联机交易零中断；同时通过在主机使用 DB2 双 collection、运行库双库应用部署方案，以及应用发布 X86 平台双配置内存，实现了应用升级更新维护的零中断。通过这两个环节的零中断，有效保障了四川省农村信用社联合社的核心业务连续性。

三、推动技术自主可控，支持业务可持续发展

为积极响应国家自主可控战略，各商业银行在开展新一代核心业务系统建设与推广中，积极稳健地推进核心系统软硬件设施的自主可控工作，并取得了较好的成果。核心系统位于整个业务处理的中心地位，掌握自主可控技术将为银行业务可持续发展提供重要的基础性支持。

中国农业银行通过信息系统体系架构的总体顶层设计和核心系统的自主研发，开发出符合中国农业银行特点的应用系统以满足业务需求。在新一代核心银行系统的开发推广工作中，依托自身科技力量独立研发了核心业务系统（BoEing），全面覆盖客户信息、会计

核算、存款、贷款、汇款清算、银行卡、金融市场等各业务领域。BoEing应用和交易的开放平台部署为农业银行降低对IBM主机的依赖跨出了坚实的一步。同时，农业银行以整合信用卡系统为目标，自主研发新一代信用卡核心系统（V#），并于2015年10月，创造性地实现了信用卡的全币种、全渠道、全品种覆盖的一次性整体迁移，成为行业内自主研发构建信用卡核心业务系统，并纳入核心系统的成功案例，实现信用卡业务完全自主可控。

广发银行新一代信用卡核心工程项目基于银行实际业务需求，构建了全新的信用卡业务领域信息系统平台，对16个关键系统架构进行了同步重构，涉及70多个关联系统的适应性改造。项目总体投入人员1 000余人，实施周期达26个月，支持近4 000万卡量的迁移。该项目于2015年5月顺利投产，实现"零金融交易丢失、零账务差错、零客户投诉"，为广发银行信用卡业务的长远可持续发展奠定了良好的平台基础。

中国工商银行的工银安盛个人及团体保险核心系统，经过近两年的持续研发和建设，实现了工银安盛核心业务从原安盛亚太系统向中国工商银行自主研发保险核心业务系统的切换，满足了集团服务渠道共享、统一客户视图、银保产品组合创新和集团金融一体化管理要求，为工银集团综合化经营战略提供了技术支持。

此外，广东南粤银行新一代核心业务系统、四川农信面向多法人的瘦核心业务系统等新核心系统建设也都采用自主全新设计开发，从设计、建构到维护做到了完全自主可控，并在系统建设中运用了一系列具有开创性的设计思想。

第三节 小结

"强基固本"方能"行稳致远"。核心系统作为银行信息化体系的中心,是支持银行业务经营的基础。推进核心系统升级,发挥核心系统对各类外围业务系统功能的"乘数效应",为业务发展提供基础性支持,对于银行实现面向客户为中心的架构转型,带动整个信息科技支持特色化业务发展,乃至提升综合竞争能力有着重要意义。"强业务就要强核心"已经成为行业共识。以政策性银行、全国性商业银行、城市商业银行、农村信用社等为代表的银行机构,在核心系统建设方面,辛勤耕耘,脚踏实地,面向企业战略长远发展,以工匠之心打造核心系统精品工程,为银行业务实现以客户为中心、利率市场化、快速产品创新、全面风险管理、精细化经营管理决策等提供了强有力的信息化支持。

第六章　加强基础技术研究应用，支撑银行业可持续发展

　　基础技术产品是银行信息系统安全稳定运行的基石，直接关系到银行的业务连续性和整体经营管理的稳定性。由于我国自主研究起步晚、基础薄弱，在操作系统、数据库、中间件等基础产品领域，相比国外差距仍较大，以至于在这些领域，国产技术产品应用一度出现空白。近年来，我国加大了在基础服务领域的信息化研究力度，伴随着各类新技术的出现，各家商业银行都投入大量的人力物力，针对分布式架构、大数据、云计算等基础技术课题进行研究，并被广泛应用到实际系统建设中，支撑业务的可持续发展。部分银行在这些领域迅速崛起，部分系统产品在安全性、稳定性方面都已经过一段时间的实践验证，基本可满足商业化、产业化要求。

第一节　研究应用分布式技术，提升银行业务运营能力

　　国内主要商业银行经过十多年的信息化建设，陆续实现了数据全国集中，核心业务系统基本都构建在集中式的主机架构上。随着移动互联网的迅猛发展，集中式的应用系统架构在应对短时间内高

并发交易、面对海量客户、承载海量数据的场景（例如"双十一"期间），逐渐暴露出并行处理能力不足，无法灵活扩容伸缩的问题。在此架构下，国内商业银行一般通过增加主机硬件资源配置提升处理能力，通过集群多活方式来提升系统稳定性、可用性，但是集中式架构的核心业务系统建设和运营成本巨大。另外，随着市场快速变化，要求各家银行对产品推陈出新的速度越来越快，业务流程越来越复杂，系统规模逐渐变大导致开发、测试、投产周期拉长，效率变低。面对此问题，各家银行近年来都做了探索研究，从集中式应用架构向分布式架构转型。

一、提高系统可用性，降低 IT 运营成本

分布式架构最大的特点是可扩展性，能适应需求变化而扩展，可以通过增加服务器数量来增强系统的整体处理能力，从而提高系统可用性。

中国民生银行打造的分布式技术平台，实现了客户管理、产品开发、存款管理和卡管理等业务功能，具备服务海量客户、应对瞬间爆发的海量交易和承载海量数据的能力，满足利率市场化、互联网场景对核心系统的要求（图 6-1-1）。参考互联网技术架构的优点，基于微服务架构和云原生应用的设计理念，采用分层架构设计，运行在 X86 服务器上，支持虚拟化部署，具有良好的扩展性；采用读写分离和分库分表等方式的数据分布式处理，结合使用分布式缓存和支撑异步处理的消息中心，有效提升系统响应速度和吞吐量；采用分布式批处理框架，大幅提升批处理效率，支持海量账户的日终批量处理；应用服务器和数据库服务器采用同城双活模式，确保系

统的可靠性。

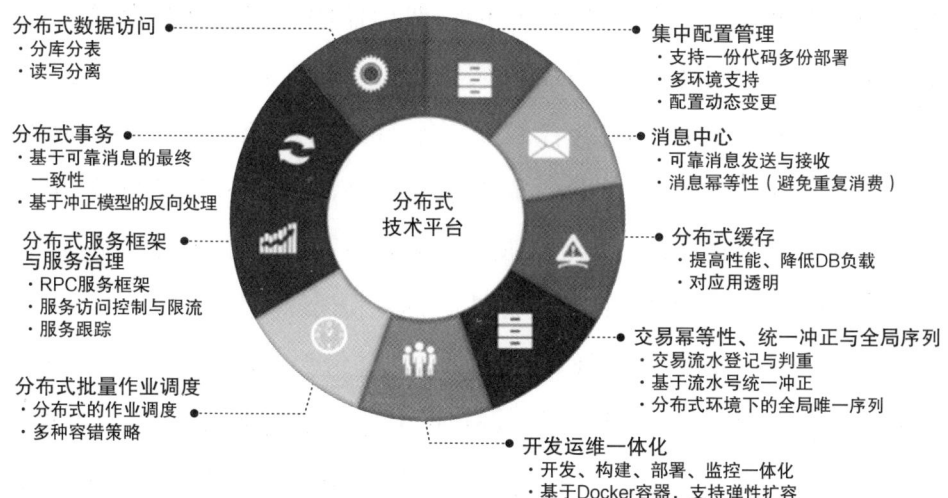

图6-1-1　中国民生银行分布式技术平台示意

华夏银行运用集群及分布式等技术对核心系统进行优化改造，实现了真正的应用软件集群及系统的高可用性。系统从交易接入层、应用处理层、数据库层和部署模式四个方面进行改造，确保核心系统整体架构无单点故障风险。多个平行节点为用户提供相同的服务，核心系统集群允许系统同时接入更多用户和请求，使系统的联机交易和批量处理能力大幅提高。集群架构使系统具有横向扩展能力，在面对用户的增加和信息量的持续增长，可以通过增加集群节点的方式提高系统处理能力，平滑地完成系统扩展。多节点、分布式的部署模式，降低了系统对单一节点软硬件性能和稳定性的依赖程度，为扩大软硬件平台选型范围及实施IT架构转型提供了技术基础。故障主动探测、自动隔离及作业调度等技术的应用，提高了运维的科学性和自动化程度，有效降低了操作风险。

国家开发银行在"互联网+"背景下，采用安全可控的基础应用云平台发展方案，明确发展目标、架构蓝图、重点任务和实施路径，确立了"大平台、小应用"架构发展目标，设计了"分布式服务架构+集中式架构"的混合IT架构，建立了"矩阵式"平台服务能力评价模型，提出了专题研究方法和一体化管理机制等配套方法机制。截至2016年末，该项目成果已在国家开发银行基础应用云平台建设中发挥重要指导作用。一是已推动分布式服务框架（DSF）、移动应用平台、实时事件处理平台、统一交付平台4个重点任务开展建设。二是推动基础应用云平台有序发展，实现平台"有纲可循、有法可依、有的放矢、有所作为"。分布式架构的系统可基于相对较低成本的硬件设备实现，通过增加服务器数量来增加系统性能，较集中式架构的高硬件设备配置，能降低IT运营成本。

深圳前海微众银行在国内银行业首家完全采用X86服务器构建基于开源技术的分布式架构。整个架构基于低端开发的硬件平台，提供整个银行IT架构运行所需要的计算及存储能力。作为一家互联网银行，其业务模式与传统银行有较大的差异：传统银行"以柜面为主，结合电子渠道"，而微众银行以互联网为主，无线下渠道。互联网为微众银行带来了海量客户，这些客户有着不同的需求并希望享受到"7×24"小时不间断的高质量银行金融服务。海量用户带来海量交易，海量交易又带来海量数据需要去处理和存储。构建由标准PC服务器构成的分布式数据中心架构（IAAS层）。基于深度定制的开源技术，构建符合银行业务要求的基础平台组建，为银行的持续发展提供了一个完全安全可控的基础平台层（PAAS层）。基于整体架构设计，制定着眼未来的扩展模式以及相应预案，并在运营过程中进行了演练及具体实施。基于安全可控的分布式架构,规划建设相应的运维、监控以及管理体系。基于开源技术进行深度二次开发,在确保技术完全安全可控的前提下提升了开源产品的可用性、可维护性和安全性。完全不采用任何高端硬件产品或解决方案,摆脱了传统国外服务商对银行硬件资源的垄断和控制,降低了IT运营成本。

二、践行安全可控战略,突破产品技术壁垒

近年来,随着银行数据量的高速增长,传统的集中式关系型数据库也开始向分布式数据库发展。分布式数据库系统是数据库技术和网络技术相互融合的成果,数据分布存储在多个数据库服务器中,存储硬件可采用低成本的X86服务器,分布存储在多个服务器中的数据相互关联,对上层应用在逻辑上是统一的整体。在实现数据库的独立性、数据冗余、并发控制、事务处理等方面具备鲜明特点。

一些银行在数据库基础研究领域投入大量人力物力,尝试以自主研发数据库系统产品逐步取代国外垄断的商用数据库产品,从而大幅降低费用,落地国家自主可控的金融安全战略。

以交通银行为例,从2013年开始对底层基础性软件数据库进行探索,研发一款能够解决现有单点数据库存在的痛点又符合新的技术发展趋势的数据库CBase(图6-1-2),具有以下特性和功能:充分考虑硬件和软件的故障风险,保证系统的高可靠;满足系统性能可以通过在线横向扩展而线性增长;支持关系模型标准,支持标准SQL功能,支持强一致性事务;基于X86架构,不依赖专用硬件,有效降低成本。

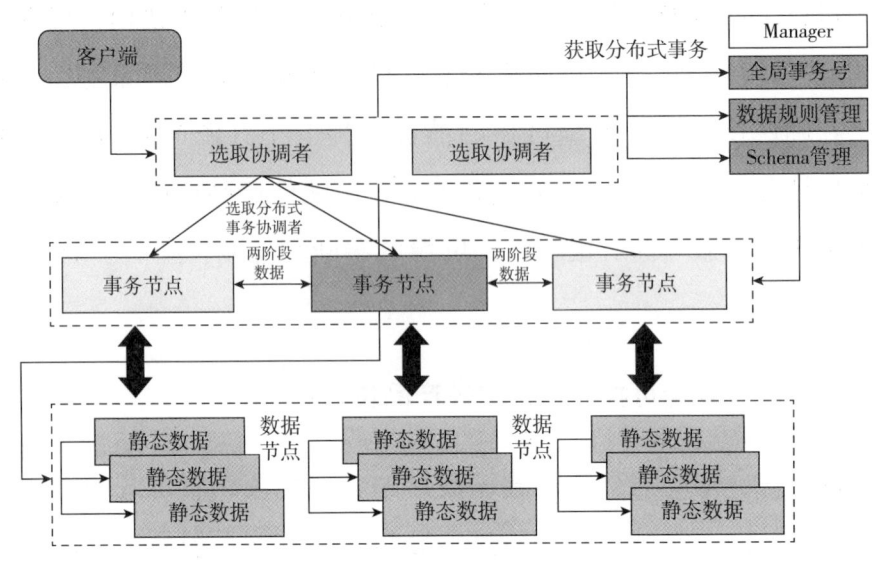

图 6 – 1 – 2　交通银行分布式数据库 CBase 逻辑图

CBase 通过分布式架构解决高弹性问题，可以提供在线节点的上线、下线，对联机服务完全透明，同时通过扩容系统的性能接近线性增长；通过实现 paxos 协议，保证分布式数据的一致性，即使节点宕机系统也能自我恢复且保证数据不丢失；通过数据多副本冗余存储，提供了基于 PC Server 的高可靠性；通过基于代价的模型估算，实现了高性能的关系型数据库的 SQL 标准。覆盖了大数据量查询到流程类对公复杂交易系统再到高并发支付交易系统和核心类交易下移开放，基本满足各类业务场景的需求。

经历四年多的研发，CBase 主体功能逐渐完善，打破了国外 IT 巨头在金融等行业的关键系统的技术产品垄断，为银行业系统架构的演化提供新的选择。

第二节 挖掘数据服务价值,发挥洞察分析能力

数据是银行各业务应用的核心资源,随着高速产生的海量数据处理需求日渐增多,各家银行采用不同的分布式数据处理技术,以数据为驱动,按照业务板块提供及时的营销管理、风险管理和辅助决策,提高银行综合经营能力。

一、搭建一体化数据处理平台,创新数据处理模式

部分银行基于原始数据,构建了专门的数据处理服务平台,通过各业务数据标准化管理,对数据进行加工并将结果反馈给各业务部门,促进业务发展。

中国工商银行建立全行统一的流数据处理平台,实现流数据信息标准化管理与利用,确保各专业系统中交易信息以统一标准记录、采集、整合、管理、利用,实现规模化、标准化的信息共享,从而达到跨专业、跨平台的数据集中,提升信息综合使用能力;提供准实时信息推送服务,建立了一条各业务系统、各分行系统获取准实时交易信息的通路,以及一套完整的、可用于大数据分析的、与交易系统数据实时同步的数据副本,充分利用信息新鲜度,发挥信息时效价值,促进业务开展,为全行各领域一线业务人员提供信息资料支持;实现多渠道信息融合,充分共享企业信息资源,促进信息的流动和使用,挖掘信息价值潜力,促进业务开展,为全行客户营销、风险监控、客户服务、交易监控等领域的业务人员提供全面的

信息支持。通过该项目建立的流数据处理平台，实现了对交易信息的存储、计算、分发、持久化等环节的快速处理，为客户营销、风险监控、客户服务、交易监控等业务领域提供异步准实时信息处理和推送功能。项目处于国内领先水平，取得巨大的经济效益和可观的社会效益。

平安银行建设的信息服务中心项目，基于 T+0 模式对交易类、营销类、通知类场景提供统一的准实时异步信息服务，通过使用异步消息订阅方式，实现信息服务中心与核心交易类系统的数据解耦，在减轻核心类系统压力的前提下，最大化确保信息服务的时效性。以成熟的规则引擎为核心，对交易数据进行灵活的规则配置，可实现规则场景快速上线，为下游系统灵活地提供简洁的数据接口支持。该项目提升了客户体验和客户满意度，提高了业务处理工作效率并降低了整体运营成本，产生了良好的经济效益和社会效益。自上线以来，获取新户超过 300 多万户，促进业务规模增长 167 亿元，客户资产提升 138 亿元，带来直接收益接近 5 亿元。交叉销售增长 13 倍，促进消费环比增长 22%，参与活动人均资产提升 5%～20%。通过分布式架构和可配置化支持，使得硬件设备和人力资源投入每年估计可节省 1 000 万元以上。

二、转化数据资产价值，赋能银行经营管理

部分银行构建了大数据分析平台，对数据进行深层次加工分析，辅助业务决策。

中国农业银行结合自身大数据应用建设，参考行业规范，提炼总结出覆盖全面、切合实际的大数据平台数据建模的思路方法，制定出科学合理、易于实施的流程规范。同时，开发简洁明确的配套工具模板，形成可最终落地的理论体系和企业级大数据体系一体化解决方案，为金融业海量数据模型设计提供借鉴与依据。基于大数据平台体系数据架构，为模型建设提供了系统框架和设计指引，大数据平台模型设计方法论为模型设计提供了详细的设计思路和设计方法。数据地图的搭建为业务人员和技术人员提供了方便快捷的数据访问通道。同时，模型产品、规范流程及配套的设计开发模板、工具体系，以及实施过程中的经验积累等为中国农业银行大数据发展积累了宝贵的知识财富，形成大数据知识资产库。最后，探索大数据平台数据的全生命周期管理，配合数据管控及治理的规范、标准、制度，提升数据质量，服务于高质量的数据分析和价值挖掘。

中国民生银行的智能化分析云平台，基于企业级数据仓库，提供专业级的数据分析和明细查询工具，通过自助服务零编程、图形化的方式快速构建具体的业务分析场景，非技术人员同样可以根据业务需求对数据灵活展示，及时满足数据仓库进行数据自助查询及分析的需求，更好地扩展用户对数据的自助查询及分析能力，为业务发展与管理决策提供有力支持。该平台的使用，将传统的数据报表使用功能，逐渐演变成为用户提供信息及自助分析服务，对行内信息资源实现充分有效的利用，实现了真正意义上的数据挖掘分析，有效促进了信息分析应用水平的大幅提升。该平台提供多项数据产品，通过快速产品迭代更新，依托数据分析挖掘结果直接推送营销作业系统的数据通道，以数据分析结果为营销推动助力，实现对信息价值的深度挖掘和对数据资产的有效利用，为全行提供开放、共享、高效的数据分析环境，全面助力战略转型。

恒丰银行的大数据应用服务架构研究与实践项目，基于微服务技术，结合实际业务场景，对大数据应用服务的设计方法与实现方式进行研究，将大数据、分布式并行处理等先进技术有效运用到银行移动互联等应用场景。设计了以 Akka 微服务框架为基础的技术平台，解决了传统架构在突发压力场景下并发处理、系统容错能力不足等问题，提升了大数据应用服务的开发、测试和部署的效率。自主研发平台通过组件容器实现了服务设计与部署策略分离的机制，以及完整的组件生命周期管理、容错管理和服务质量管理，为后端数据库服务和其他网络服务提供有效的缓冲保护机制。服务组件容器技术应对突发压力的缓冲和动态阻断机制，解决了峰值过载造成的后端数据库服务和应用服务宕机问题，提高软件系统的健壮性和容错性。该项目研究成果已广泛应用于移动 CRM、用户行为分析、电信反欺诈、运营风险监控、客户风险预警、IT 系统运行监控等领域，有效提升了银行外部客户服务和内部精细化管理水平；相关理论研究和软件实现成果能有效提高大数据应用的开发效率，增强应用软件服务的可靠性和容错能力，对金融同业大数据应用服务架构设计工作具有借鉴和参考意义。

中国邮政储蓄银行的客户信息平台，基于统一管理的开源架构，实现了客户基础信息的统一管理和唯一识别，实现当前时点客户相关信息的展现，重点实现优质客户统一视图，优质客户重大事件信息记录、优质客户偏好记录、优质客户资产管理等功能，并提供实时、准确的客户信息服务。主要实现四大目标：一是将客户的九项完整性和证件到期日信息剥离至客户信息平台，完成逻辑集中、客户信息平台的功能复位。二是自主设计、研发内存数据库技术，实现海量数据内存化。从根本上提升系统处理性能，采用高可用、高容错和强鲁棒性，从源头实现故障隔离、异常处置、灾备生产双活功能。三是完善优化监管需求，进一步提升数据质量。提升反洗钱、真实性账户核实、对公客户信息补充、机构撤并自动同步和三证合一等相关功能，以满足监管和政策要求。四是优化升级对客服务质量，规避规范风险防控。梳理和完善各系统对如手机号等共用及特色业务信息的提供和发布控制规则，以防范金融风险和保障客户权益。系统上线试运行以来，日均处理交易1 000万笔，高峰交易量突破1 500万笔，管理个人、公司和同业客户超过5亿户，总数据量达到9 TB。各项业务、技术指标均达到设计要求，实现了项目建设目标，为中国邮政储蓄银行"以客户为中心"的经营理念的转变提供了系统支撑和数据基础，为中国邮政储蓄银行实现跨越式发展的战略构想提供了强有力的动力保障。

第三节 积极运用前沿技术，提升软件自主研发能力

我国各家银行主要的软硬件设施均为外资厂商提供，存在金融安全隐患。自主可控已经成为加强银行业信息科技建设的核心任务之一，这是落实国家安全的战略要求，也是时代发展的必然趋势。近年来，各家金融单位都将安全可控信息技术应用纳入战略规划，制定配套政策，建立推进平台，大力推广使用能够满足银行信息安全可控要求的技术。

一、研究数据虚拟化技术，建立金融交易场景模型

部分金融机构以电子支付交易大数据高效处理技术为主要突破方向，重点围绕数据虚拟化、高性能数据存储引擎、分布式数据挖掘算法、大数据智能安全运营等核心技术进行系统创新，取得了一系列的重要创新成果。

中国银联自主研发面向多源离散支付交易数据的分布式数据虚拟化技术，攻克逻辑数据模型、异构扩展技术、高性能查询优化算法等技术，实现了对多源离散支付交易数据统一的、稳定的、高效的读写访问（图6-3-1）。自主研发面向支付交易数据的高性能数据存储引擎，攻克数据自适应压缩、物理和逻辑相结合的两层数据存储模型、多场景自适应接口、个性化扩展等关键技术，构建了银联交易数据存储引擎，获得了优于一般存储技术的高效存储能力。研发倒排训练算法、复杂网络传播模拟算法、随机丛林算法等一系列分布式计算框架下的大数据挖掘核心算法，获得了超过国际开源项目与商业化数据公司同类算法的执行效果和效率。上述创新成果有效提高了资源的利用效率，支撑了各类创新应用和产品的发展，满足中国银联业务向精细化方向发展的需要，实现了面向服务和数据的跨行业联网通用，助力银联向综合支付服务提供商转型。

该项目已经应用于中国银联所有技术部门，实现了基于质量策划、质量监控和质量优化的电子化功能，有利于金融数据中心提高质量管理效率，促进金融数据中心运营质量管理体系的有效运行与不断优化。

第六章　加强基础技术研究应用，支撑银行业可持续发展

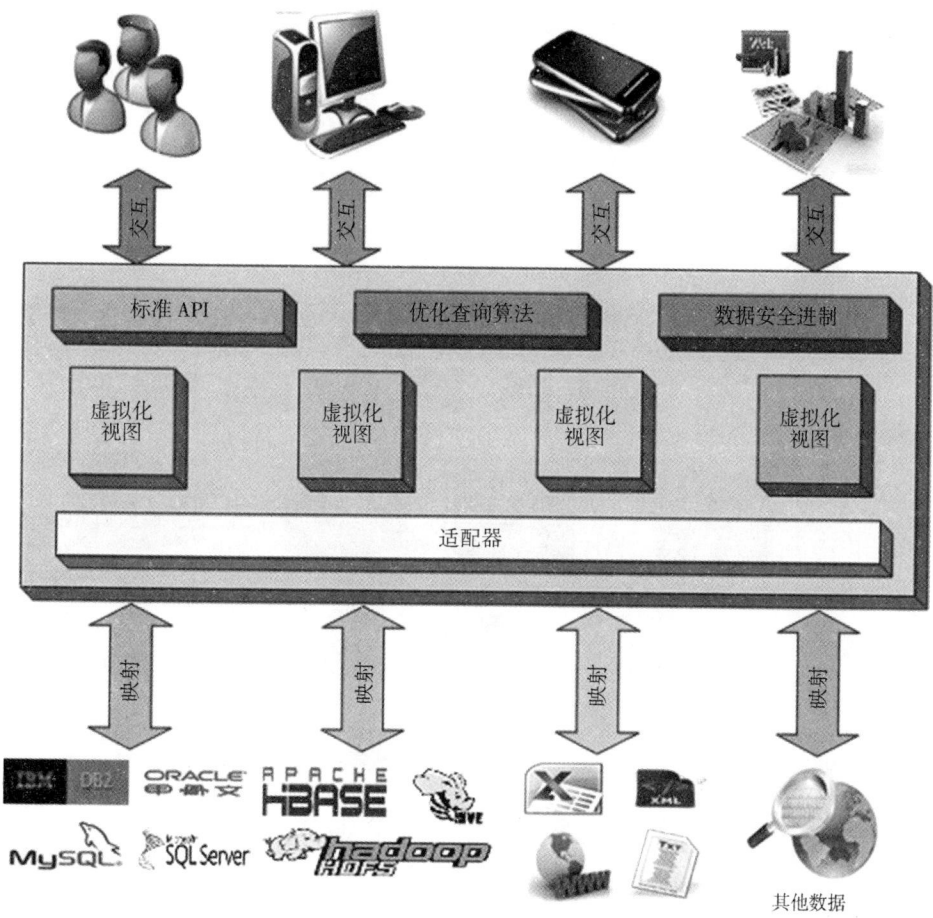

图 6-3-1　中国银联分布式数据虚拟化平台应用架构

二、探索核心技术国产化，实现关键设备示范应用

部分银行对国产化关键技术进行深入研究，并选取适当项目作为试点，探索国产化软硬件一体的示范应用。

中国建设银行以分行管理信息系统为示范应用，基于国产高端服务器搭建起银行典型应用的技术及数据架构；结合异构平台互备

运行模式,实现异构数据库平台下增量数据的同步和一致性校验;探索并验证了银行海量数据处理系统的多种数据迁移方案和多种安全运行及管理方案,创新并建立针对报表的 Web 应用自动化测试体系;充分验证了国产高端服务器对于银行海量数据处理系统的满足程度(图 6 – 3 – 2)。

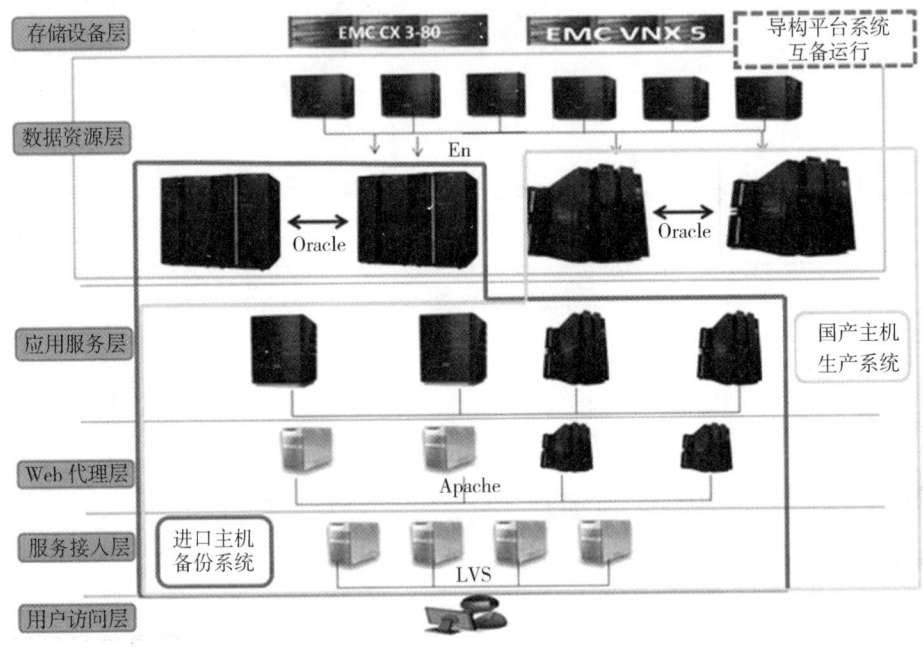

图 6 – 3 – 2　中国建设银行分行管理信息系统异构平台

通过两年多的努力,中国建设银行完成了前端应用的国产服务器和国产主机数据库切换上线工作,实现了国产主机、进口主机的异构平台在线互备运行,管理类信息系统向国产高端容错计算机的整体切换。系统上线运行稳定,未出现一次异常停机故障,实现了主机和应用系统零故障运行,达到了银行信息系统的运行和应急要求。在项目实施过程中,获得了 8 项知识产权,在专业期刊上发表了

6 篇学术论文，完成了 6 篇具有研究价值的课题报告。

第四节 小结

近年来，互联网公司在分布式技术架构上走在技术领域前沿，为银行业提供了借鉴。纵观国内各家银行近年来信息系统的不断发展，集中式架构的系统扩展性弱、营运成本高的不足，已经随着业务量增长日益凸显。为解决这一问题，多家银行纷纷迈向 IT 技术架构转型的道路，从集中式架构转向分布式架构。

同时，各家银行从单纯的外购国外厂商技术产品，到逐步投入人力物力开展自主研发基础技术，从技术架构到软件产品，做到科技与业务双提升。这已成为银行业可持续发展的必然趋势，形成我国银行业不可复制的核心技术竞争力。

第七章　创新科技运营管理模式，全面提升科技支撑效能

以信息技术作为运营基础和核心竞争力的银行业，业务与IT融合日益深化，全面实现业务和客户服务等信息化、可视化，加快业务创新与云计算、大数据、人工智能等新技术的广泛融合成为银行业发展的主流趋势，信息化正从服务内部向推动业务创新，乃至重构服务模式演进。与业务战略和能力相匹配，银行信息科技的运营也需要银行业积极转变技术管理思维，创新信息科技管理模式，优化开发测试管理方法机制，持续提升信息科技的运维自动化水平，全面提升IT对业务支撑效能。

第一节　健全应用研发管理机制，提升系统建设质量

新兴信息技术与银行业务加速融合，银行业正积极探索开展新兴技术前瞻性应用研究，大力推动科技创新，在渠道、产品和服务等方面推陈出新。与业务创新同步，各家银行也正快速升级应用需求管理、开发、测试管理机制和工具。需求管理方面，不断提升业务需求管理能力，深化需求管理和描述标准化建设；应用研发管理

机制方面，重点加强敏捷开发、场景驱动等新研发模式的研究与运用，探索快速研发的需求分析方法；开发工具建设方面，借助自动化、智能化技术，为研发人员提供稳定、高效的环境和工具支持。

一、建立非功能需求标准体系，填补领域空白

为进一步规范非功能需求管理标准空白，提升应用系统易用性、安全性等，中国农业银行在参考 ISO 标准基础上，提出了应用系统非功能需求的框架和结构化表达模式，原创编制了 8 类 32 族 114 个组件 1 362 个元素非功能需求描述，制作了标准化应用系统非功能需求模板，发布了 Q/ABC 42—2015《应用系统——非功能需求》共 9 部分 7.4 万多字的企业标准（图 7-1-1）。该成果有效整合了多个 ISO 标准，形成符合国际标准导则要求的非功能需求框架；从应用系统的质量视角，建立了非功能需求的分类框架，能够容纳并有效区分各类别非功能需求；建立了应用系统非功能需求的类、族、组件和元素层次模型及其标识方式，支持以选择、填空与简答等方式描述非功能需求；构建采用 XML 逻辑描述方式的非功能需求库，为后续开展需求评审和统计分析奠定基础。相关成果已在中国农业银行的 14 个项目进行试点，试点系统涉及核心业务、经营管理和渠道等类别，应用对象覆盖外部客户和行内人员。以本项目成果为基础，中国农业银行已完成了国家标准草案的立项。

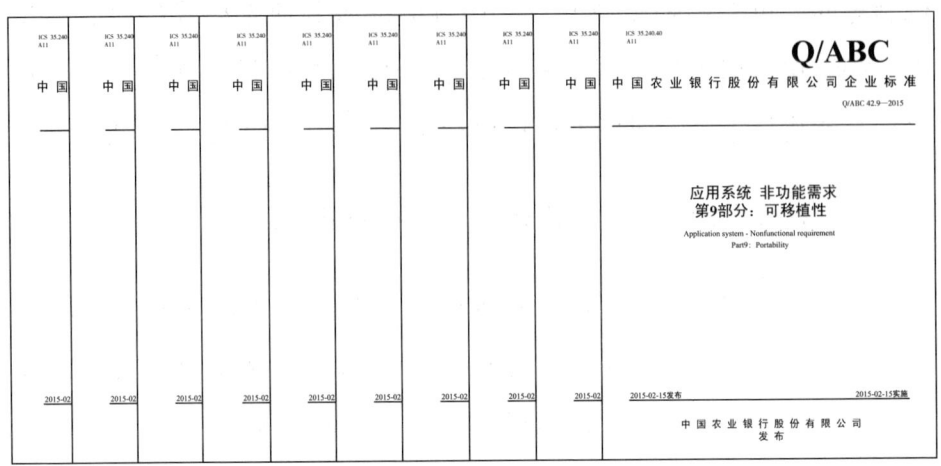

图7-1-1 中国农业银行非功能需求标准

二、创新项目测试管理策略,提高系统建设效率

为满足银行业务种类不断增加,服务对象及服务渠道不断扩展,交易量及业务规模不断扩大的IT支持要求,银行业信息系统的技术及应用架构日趋复杂,一项业务功能的实现,往往需多个相关系统共同处理完成。相应地,涉及关联多系统协同开发的项目群信息系统建设已成为银行业IT建设的常态,系统测试变得尤为复杂。

为降低系统回归测试工作的时间与人力投入,中国农业银行研究提出一套适合银行测试工作实际要求的回归测试建模方法及管理工具模型。此研究课题设计提出基于智能遗传算法的回归测试用例约减模型和回归测试用例优先级测算模型,支持以自适应方式获取最小回归测试用例集,以及对测试用例进行执行优先级的自动排序。测试人员可根据测试用例缺陷权重、需求权重、执行状态权重以及用例筛选比例等,对测试参数和任务进行自由配置,实现了"从按需求更新回归测试用例集,到待测回归测试用例的挑选,再到回归测试用例执行顺序的确定"等回归测试用例集管理全过程的优化。基于课题成果,建成与常用的测试管理工具 QC 无缝对接的辅助工具,包括执行回归测试用例优化输入文件的 RTCO – TOOLS,以及测试结果可视化图输出工具等。目前,回归测试优化解决方案和RTCO – TOOLS 工具,已经应用于反欺诈管理平台等 44 个项目建设。推广结果显示,使用课题模型能够约简超过 25.6% 的测试用例,大幅减少回归缺陷测试用例使用数量和测试人力投入。

为有效解决大型项目群各关联系统及功能交付不一致导致功能测试无法开展、测试进度无法保障问题,中信银行通过开展基于耦合分析的项目群测试任务建模及功能测试方法研究,创新提出"耦合分析、实施解耦、隔离测试、结对耦合、端到端测试"的测试策略。即在测试方案设计阶段,首先对各项建设任务的上下游、业务操作、数据、日期约束、批处理等耦合关系进行分析和解耦,并根据测试任务特征,在预置四大类 13 种测试方法中选择适用方案,按隔离测试、耦合测试、端到端测试 3 个阶段开展测试工作(图 7 – 1 – 2)。相关成果于 2014 年应用于中信银行新核心升级改造项目群功能测试中进行了应用和验证,大型项目平均测试周期比预期缩短 15% ~ 20%,功能点生产缺陷数量逐季减少 10% ~ 40%。

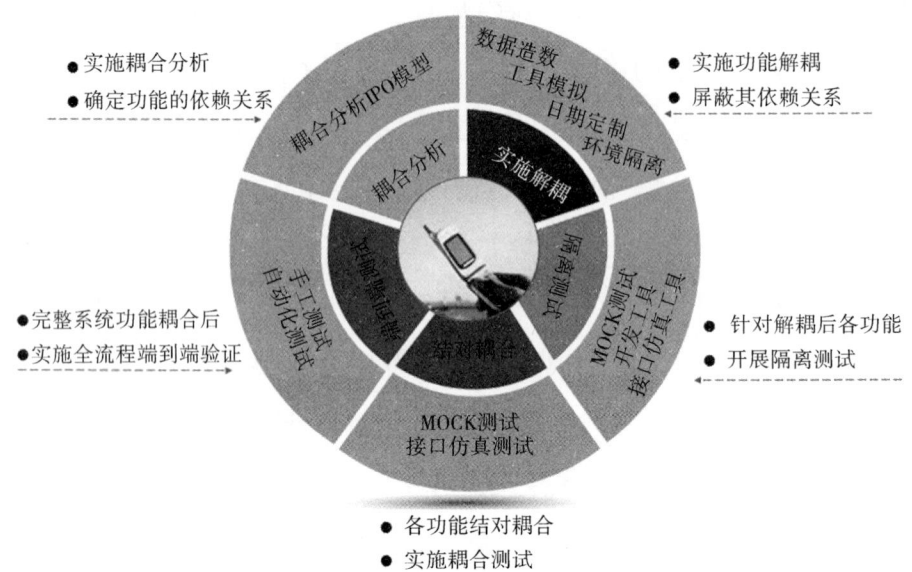

图7-1-2 中信银行基于耦合分析的测试总体模型

三、建立产品质量评价模型，优化项目管理与客户体验

银行产品运营大多涉及资金安全、信息安全、法律法规、监管等，仅凭产品分级信息很难定义其风险级别。中国银行以原有产品质量评价模型作为基础，延伸提出了基于产品系统功能模块的风险评估模型，为进行开发、测试、运维分级质量管理提供参考依据。一是构建了覆盖软件全生命周期的分级质量管理体系，风险评估贯穿事前预防、事中控制与事后评价；二是建立了包含A、B、C三类产品评价指标的安全生产风险控制、客户体验提升双导向的质量标准体系，指标在明示安全生产质量影响因素，提示安全生产风险的同时，为提升产品客户体验提供了参考依据；三是实现了对自主开发和外包建设的双模式分级管理，在控制外包开发质量风险的同时，

有效减少自有人员管理投入；四是建立了质量风险控制性价比持续提升机制，实现质量内建，为降低测试成本提供支持。相关成果在 2015 年、2016 年投产的应用软件升级任务中，取得良好的应用效果：一是有效提升交付效率，紧急任务的交付周期从原来的 69 天缩短到 44 天；二是可靠保障质量，在投产规模持续上升的前提下，交付质量达到 0.1 个/千功能点，生产缺陷从 2013 年的 103 个，降低到 43 个；三是大幅减少人力投入，测试工作量占比从 2014 年的 38.43% 下降到 27.21%；四是显著提升效率，生产率从 2014 年的 0.331 功能点/人天提高到 0.446 功能点/人天。

第二节 打造综合运维管理平台，提高运维自动化水平

随着银行业务和 IT 快速转型发展，业务应用不断丰富，支付业务数量、金额成倍增长，技术体系对分布式、移动互联、大数据等新兴技术的应用和融合，推动银行数据中心正逐步向自动化、智能化、开发运维一体化运营方向发展。

一、应用智能化技术，全面创新运维模式

顺应核心下移技术趋势，为满足主机应用下移后，不断增长的 X86 架构系统运维需求，中国银行建设了集系统与组件部署，智能化、可视化监控以及日志分析等功能于一体的自动化综合运维平台。平台采用"服务器—服务器代理—客户端代理"分层分布式架构设计，以弹性资源和功能扩展方式，支持跨地域、跨数据中心的业务

系统一体化运维，并基于分布式技术提供大数据运算能力，实现了运维分析、系统容量规划、动态基线定义、告警等智能化运维功能。自平台上线运行以来，已应用于对 20 余个应用系统、1 000 余台服务器的运维管理，能够提供对 1 万余项运行数据的数字化、可视化监控，在辅助开展交易高峰时段运维管理等方面发挥关键作用。

中国光大银行通过全行统一配置管理平台项目建设，对运维管理工具、模型和机制进行了全面创新升级。平台采用"中心+分散"双层配置信息管理架构，实现对配置信息自动采集、巡检和变更，有效提高运维自动化程度，并基于关联关系挖掘算法以及类社交网络模型，关联不同管理领域间配置信息，形成全行配置信息整体视图，有效提高系统故障定位效率和准确率（图 7-2-1）。平台于 2015 年 4 月在中国光大银行数据中心投产应用，截至 2016 年 11 月底，配置管理平台（CMDB）共计纳管配置信息 129 895 项，对信息管理范围覆盖 SWAP、LV、PV、VG、文件系统、用户、内核参数、主机配置文件等，配置信息关联深度达到 9 层，有效支持了配置信息查询、故障影响范围分析、变更方案制定与评审、IT 资产盘点核算、自动化巡检、合规检查、基线对比等管理活动实施。

第七章 创新科技运营管理模式，全面提升科技支撑效能

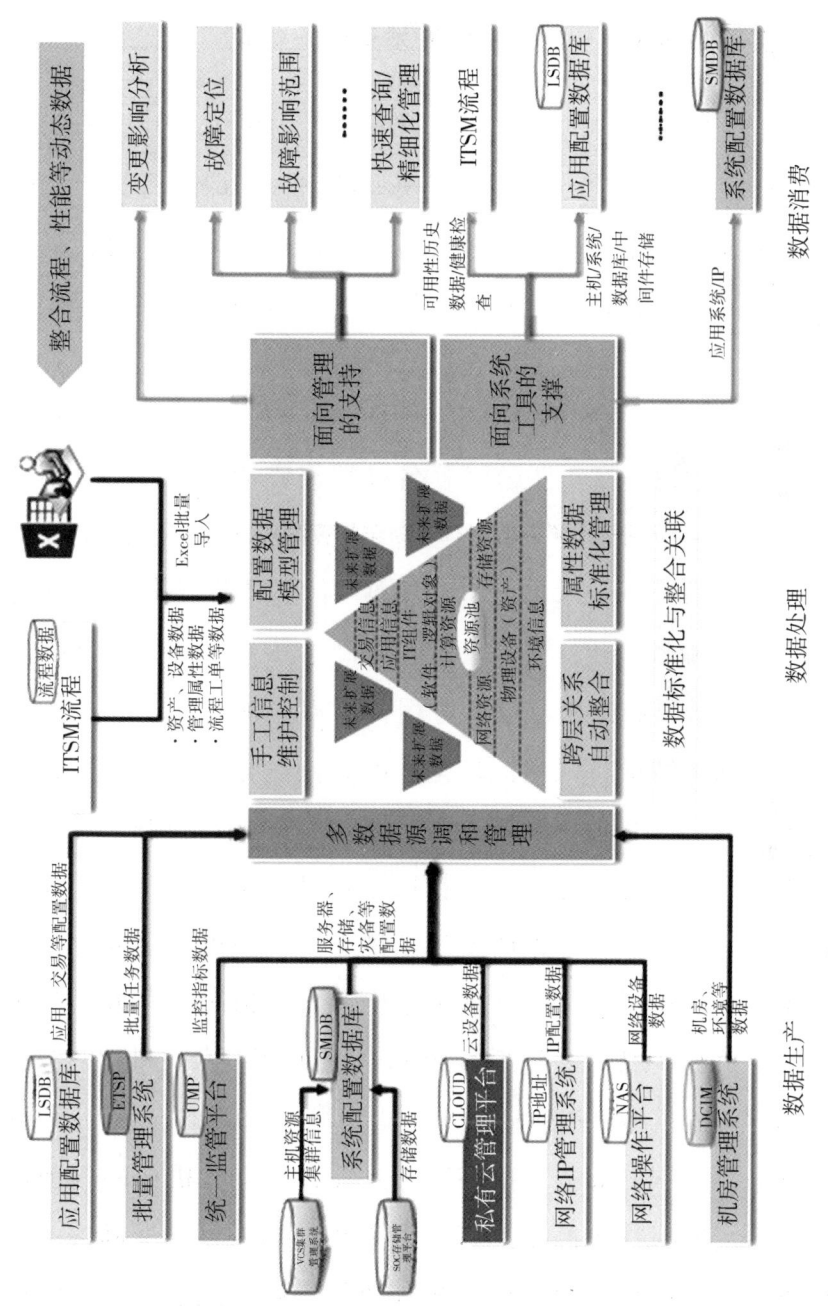

图7-2-1 中国光大银行全行统一配置管理平台

二、实践 DevOps 理念，探索开发运维一体化

为实现对数据中心的一体化运营管理，中国银联开展了基于复杂性科学的金融数据中心运营过程模型的研究。课题将复杂性科学理论应用于金融数据中心的运营过程，从视角上突破了现有基于传统理论的研究对运营过程认识的局限，着重分析人、制度、技术三要素的特征和耦合关系，形成一组涵盖了研发、生产、运营等各个环节的全生命周期、全流程运营模型，为突破运营系统发展瓶颈提供了强有力的理论支撑。课题将著名科学家钱学森提出的"物理—事理—人理"系统方法论应用于运营系统建模过程，突破了以往传统理论研究"从硬件技术出发""从单一问题出发"和"从现有问题出发"的局限性，建立了一套自顶而下、多层次的、完整的运营模型，涵盖了金融数据中心运营过程各项工作领域；课题利用 TRIZ 理论原理，创新性地将误差流理论、Petri 网理论、开闭环控制器理论及心理学共享心智理论应用于对运营模型的分析与调控过程，形成了用于对金融数据中心运营过程展开定性或定量分析，以及调节控制的完整方法论。在理论研究的基础上，中国银联建成配套的质量管理平台，实现了对金融数据中心生产运营情况的全方位多角度的监控、分析和展现。截至 2016 年 11 月，基于复杂性科学的金融数据中心运营过程模型已推广应用于中国银联总公司的 5 个内部部门，以及银联数据、银联商务、数字王府井等合作金融机构的各项运营活动。该研究的应用提高了运营数据采集的时效性、准确性，为各级运营管理人员提供了可靠的分析和决策依据。经统计，平台投产后，质量信息统计、审计以及汇报材料编写等日常管理工作的人力

投入降低了约 85%。2012 年至今，平台总计节约 196 427 工时，折合人力成本约 3 732.1 万元。该项目研究应用于银行卡产业，对中国银行卡产业的发展也起到了推动与促进作用，使我国银行卡产业保持平稳增长态势。

上海浦东发展银行基于 DevOps 理念，以海量应用日志为输入，建成贯穿于系统全生命周期的开发运维一体化协作的运维大数据分析平台，实现关键交易和运维数据的标准化建模和系统落地。平台运用 Bloom-Filter、MapReduce 大数据算法，以及分层数据模型，实现对海量、非结构化应用日志数据的秒级处理和展示，有效提高信息检索的效率。平台以 App 方式，向各应用系统开发和运维人员提供定制化交易和运维状况信息推送服务，在满足敏捷和稳健运维要求的同时，稳步提升服务的交付能力。在平台建设过程中，尝试采用组件化、"积木"拼装式运维 App 建设模式，有效推动了敏捷式运维转型。该项目成果于 2014 年 1 月正式上线，截至 2015 年 12 月，已在信用卡核心系统升级和新一代存贷款核心系统建设等多个重要项目中开展实践应用，覆盖超过全行 50% 的 A、B 类联机交易系统，实现对所有分行和两大数据中心应用数据的实时上收，日均处理数据量约 500G，峰值超过 100MB/秒。

第三节　小　结

总体来看，银行 IT 管理日益呈现出"跨界融合"的特征，一是 IT 与业务的融合更加深入，IT 管理机制优化更加强调对业务需求的快速响应，对业务管理要求的延伸支撑，提供更加优质的用户体验等；二是在 IT 建设领域，开发、测试、运维管理流程和人员日趋融合，一体化运营机制和管理工具日趋成熟；三是管理模型和工具对大数据、云计算、人工智能等前沿技术融合日益深入，系统开发、测试、质量管理和运维等工具更加自动化和智能化。

第八章 提升人民币核心技术，创新现金制造与服务

人民币的设计、制造和发行工作与金融稳定、国家安全密切相关。2016年，中国印钞造币总公司加快行业转型，深入推进供给侧结构性改革，聚焦新材料、新技术、新工艺和新设备的研究，持续提升人民币质量，创新发展现金制造与服务，为中国人民银行的货币发行工作提供坚实保障。

第一节 加强核心技术研究，推动产品优化提升

随着科技的快速发展，以及经济全球化的不断深入，货币伪造行为更加猖獗，不断威胁国家金融安全。美国、欧盟、英国等国家和地区相继推出新版钞票，以应对日益严峻的假钞挑战，这就迫切需要我国尽快研发出一套与我国综合实力相匹配的新版人民币。

为顺应时代需求，"821A品设计开发"项目承担了第五套人民币2005年版100元纸币提升产品的研发工作。该项目通过调研分析、方案论证、原版开发、生产试制等阶段的攻关，前后历时7年，共有14家企业的近千名技术人员参与，试制筛选方案50多个，推动了33

项新技术的研发，攻克了20余项工程难题，建立了28项技术标准，实现了第五套人民币2015年版100元纸币的平稳生产与发行，达到了公众易于识别、造假者难以伪造的总体目标（图8-1-1）。

图8-1-1　第五套人民币2015年版100元纸币

通过雕刻凹印与配对光变的大视角设计，实现了公众5秒内辨别真伪，通过公众防伪与机读技术的有机集成，以及全票面机读特征的立体布局，实现了流通机具的精准鉴别。通过印钞专用技术的研发和产品集成试制，实现了我国光变系列防伪、磁性编码与微纳制造三项核心技术的自主可控。

2015年版100元纸币的研制，使我国掌握了新一代货币制造的核心技术，为人民币国际化提供了技术支撑。

在提升新版纸钞产品的同时，现金制造方面也一直在不断地加强硬币产品的自主创新。铜镍合金作为一种很好的造币材料，在经济发达国家被普遍应用，但价格昂贵。"铜镍合金造币材料研究"项目采用多层单金属电镀技术，再进行热处理扩散，最终得到合金硬币材料，解决了合金镀工艺无法实现的难题。该成果采用自主开发的多层电镀技术，工艺先进，技术含量高，在国际造币行业属于首创。经批量生产和市场产品验证，该技术可实现对镀层成分、镀层厚度的精确控制。产品表面平整、光亮、色泽一致、无电镀缺陷，表面质量与镀层结合力均能达到造币产品技术要求，抗变色性能和耐腐蚀性能优于同类产品。

铜镍合金造币材料以先进的工艺技术为保障，可根据客户需求，通过调整电镀工艺参数，实现合金成分比例的精确控制，从而获得从玫瑰金到银白色色域内不同颜色产品设计。由于多层镀工艺可以对镀层厚度进行精确控制，通过调节镀层厚度，可获得不同特征的防伪性能。

第二节　丰富现金制造工艺，提高设备研制水平

随着第五套人民币 2015 年版 100 元纸币的面世，以及相关纪念钞币的陆续发行，现金的制造及其全流程工艺也正在逐步丰富完善，同时也加快了配套印刷设备和机检设备的研制。

"丝凸印联合印钞机的研制"项目是配合第五套人民币 2015 年版 100 元纸币的制造研发出的联合工艺印钞设备。该设备在不改变钞票生产现有胶印、凹印和凸印生产工序，不增加场地，不增加设备数量的情况下，实现为钞票增加新的防伪印刷工艺技术。

丝凸印联合印钞机（图 8-2-1）的在线检测系统也已成功用于生产企业的质量控制与生产管理系统。该机属于国内自主研发，具有独立知识产权，其核心技术已获得瑞士、日本、奥地利等国 PCT 发明专利的授权。在产生巨大经济效益的同时，有力提升了我国印钞造币行业的国际影响力和竞争力。

图 8-2-1　丝凸印联合印钞机

"码后核查工艺"项目是在原有钞券生产机检工艺的基础上，创造性地将印码与产品大张质量自动化检查合并为一道工序，形成了一种规划完整、系统运行稳定、工艺流程简洁高效的新工艺。

由于钞券产品质量控制的特殊性，要求在成品出厂前对每一张钞券的外观与防伪质量进行"全查"。码后核查工艺作为一种信息流程清晰的自动化质量控制工艺，与原工艺相比，在生产效率方面与整体系统稳定性方面都有显著提升。

在固定资产投入、人工成本、材料成本三方面，码后核查工艺与之前的小张核查工艺相比都有大幅下降：一条码后核查工艺线与相应的小张核查工艺线相比在固定资产投入方面可节约 1 680 万 ~ 1 780 万元，人工成本方面节约 1 135 万元，材料成本可节约 10 万元。自码后核查工艺研发完成后，已在印钞行业内得到广泛应用。截至 2015 年底，印钞企业共计贯通 40 条码后核查工艺线。

在钞券防伪方面，宽条贴膜和丝网印刷等技术的运用越加受到重视，越来越广泛地应用在高端防伪领域。据统计，目前已有 40 多个国家和地区的流通钞上采用了宽条贴膜防伪。结合了光学 OVD 技术、精细定位脱铝技术及其他防伪技术手段的宽条贴膜防伪，具有表现面积大、美观醒目、公众易于识别的特点。

"卷筒钞票纸双色丝网印刷与贴膜工艺及设备研究"项目集成了多色珠光条涂布技术、丝网印刷技术、激光模切技术、定位视窗贴膜技术，可在单台设备上一次完成，具有生产效率高，多种防伪技术灵活组合的特点。

多色涂布技术可以涂布多条珠光条，这种技术可以使得每种颜色在涂布过程中彼此精确定位，颜色均匀，高光泽度，具有极易识别的变色效果，不容易伪造，有多种标准珠光色可以组合成多种色彩，有较好的防伪效果。该项目实现了视窗模切和定位贴宽条技术、多色涂布和贴膜烫印技术的集成。

"裁清封联动线工艺研究与设备研制"项目使我国具备了大张裁切、小张钞票检查和塑封于一体的新型检封生产联动线的自主研发能力。

该项目一个重要贡献是能够保证产品不重号。信息管理程序的编制内容在清分机检查的程序编制中进行了充分考虑，同时裁切自动线具备了提供产品开位信息的能力，确保了在与清分机组成的裁清封联动线上对产品号码进行全查的能力，进一步保证了产品不出现重号，这是信息化给印钞产品安全带来的技术支持。

裁清封联动线的使用和整合进一步提升了裁封自动线、清分机的功能，实现了大张裁切和小张清分两个检封工序的全自动化融合，是新型检封工艺的一次重要尝试和改革。设备应用后，解决了裁封自动线不能进行小张过数和质量检查的风险，实现了产品检封的自动化生产，提高了产品检封的生产效率，减少人工劳动强度和产品周转度。该联动线是以清分机为核心组成的自动化生产线，是以清分机作为出厂产品最终检查设备，相对于其他检封工艺具有突出的优越性，能够杜绝裁切废品的漏废，实现数字管理的"万清万结""日清日结"，减少了生产人员与产品的接触，进一步保证了产品生产的安全性，提高了出厂产品质量的信誉度，对于保证出厂产品的安全性具有重要的现实意义。

基于国际印钞企业主要采用人工对钞券原版、印版的质量进行检查的现状，"钞券胶凹印原版及印版检测系统"项目研制出一台自动化设备用于对钞券印刷原版及印版进行图文质量自动检查，对全幅面规矩尺寸、版文线条尺寸和版纹深度进行高精度测量的自动化设备（图8-2-2）。该项目的研发为原版及印版质量的标准化、数据化提供了技术保障，迈出了钞券制版领域使用自动化机检设备辅助人工进行原版/印版质量检查的第一步，开创了钞券制版领域使用机检进行原版/印版质量检查的先河，实现了钞券原版/印版机检设备从无到有的突破。

利用该项目成果相继开发了2台水胶印版质量快速检测仪和2台镍凹印版质量检测设备。截至2016年9月，在水胶印版、镍凹印版的生产检测中使用，合计新增产值4 152万元，节支金额为59.74万元。由于该项目成果的应用，大幅提高了统一供应水胶印版套印精度，减少了水胶印版和镍凹印版质量缺陷漏检情况，进而提高印品质量和精度，给印钞企业带来可观效益。本系统首次提供了针对全幅面尺寸印版进行无损检测的手段，在钞券原印版的设计、制版过程逐步实现数字化的背景下，首次实现了原版、印版图文质量检测的数字化，有效推进了原印版质量控制全面进入数字化阶段。

第八章　提升人民币核心技术，创新现金制造与服务　　109

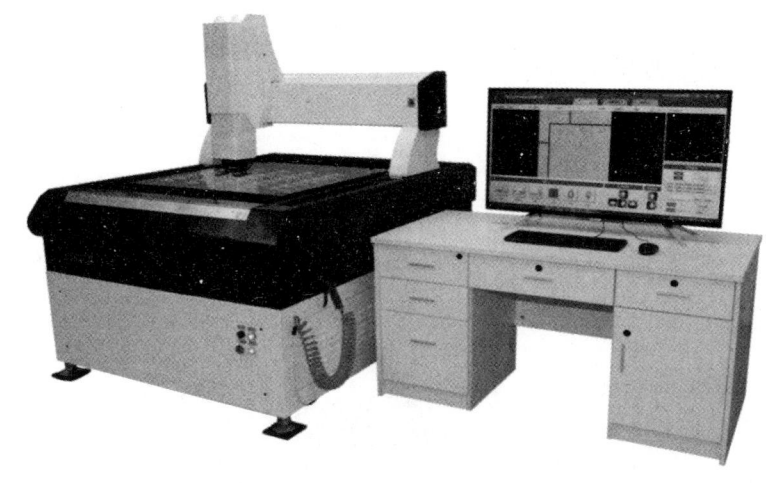

图 8-2-2　凹版质量检测系统

为进一步提高硬币的防伪性能，近年来，在硬币设计制造工艺中运用组合防伪技术已成为一种发展趋势。针对组合防伪特征的检测需求，开展相关检测技术的研发及其生产自动化应用，在当前硬币发展趋势下具有很强的实用性和迫切性。

"硬币多种防伪技术表面质量自动检查设备的研制"项目主要针对相关产品，进行组合防伪特征的质量检查技术和方法研究。该项目成功解决了光源定向控制、边部特征一次成像和图像识别自适应等诸多技术难点，实现了微缩文字、精细图纹、隐形图案、边部防伪特征的全检，具有创新性；通过分类模块可转换的设计方法，实现了圆形、异形以及双色等不同形制硬币的高速在线检测，满足柔性生产的需要；通过集成电磁参数检测模块的手段，实现了不同材质硬币电磁参数的在线全检。

该项目最终成型了一套适应规模化生产的自动化检查设备，成功开创了一种硬币多种防伪特征表面质量自动化检查的技术和方法，完成传统人工检验方法难以完成的工作，有效保证硬币大众防伪特征的一致性，满足流通币质量控制的要求，实现稳定可靠的规模化生产目标（图8-2-3）。

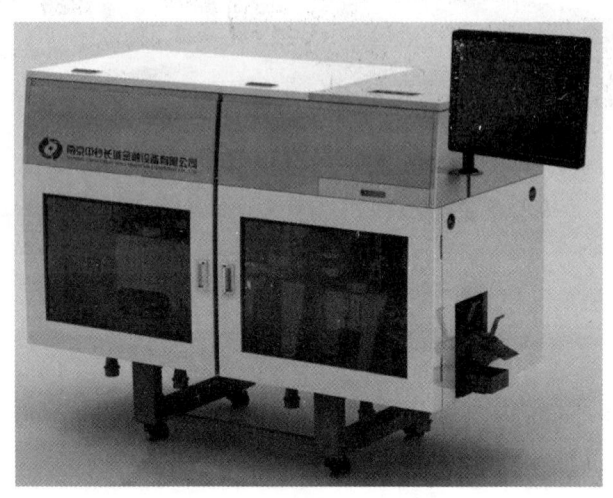

图8-2-3　硬币多种防伪技术表面质量自动检查设备

在科技成果应用方面，前期已在相关提升产品在线检测上通过百万枚连续批量应用，在相关币样产品上经过60万枚产品连续批量应用。

第三节　前沿领域交叉融合，探索防伪技术新趋势

防伪技术的研发工作一直都是货币制造中的研究重点。当前，各领域高新技术不断发展，给纸张防伪技术的创新性研究开发提供了有力支持。将其他领域高新技术与制浆造纸相结合，采用最新的高科技手段，不断增加防伪技术的含金量，提高仿造难度，令伪造

者望而生畏，成为防伪技术创新性研究的新方向与趋势。

"钞票纸抗原抗体防伪技术的研究与应用"项目是利用生物医学领域发展起来的单克隆抗体检测技术与纸张防伪技术相结合进行研发。医学单抗快速检测技术是医学领域的新兴诊断技术，利用抗原抗体特异性反应原理制成快速检测试纸检测相关抗原，达到快速检出的目的，具有操作方便、结果直观的特点。此项技术属造纸、化学、生物、医学等交叉学科技术，在国内外均属前沿科技。

该项目突破耐高温、提取液研发等多项技术难关，从众多类型的高分子有机化合物中不断筛选与改性，满足纸张生产中的高温需求，达到了纸张痕量添加不易破译，钞票真伪检出快速直观的研发要求。

此项防伪技术在个体工商户营业执照水印纸的生产中得到应用，提高了该品种纸张的防伪性能，提升了产品竞争力，使之能够快速准确鉴别出产品，杜绝了假冒低价产品的混入，使个体营业执照的质量得到保证。该项技术为供应商提供了强有力的技术支持，实现百万元年产值。

"钞券号码信息化防伪研究"项目通过校验算法对钞券号码机读和传输的正确性进行判断，有助于提高机读准确性。

该技术中号码采用特殊的校验形式，实现从印刷、发行、流通到回收销毁全过程的追溯管理，形成钞券从生产到销毁全流程信息化监控；银行清分系统能对抢劫、盗窃、洗钱、非法交易等违法活动进行有效跟踪，为案件侦破提供了重要依据。

该成果从2013年至2016年，共生产280台校验号码机，分别用于北京印钞有限公司百年纪念券及航天纪念钞的号码生产（图8-3-1）。

其中,销售横式号码机 140 台、竖式号码机 140 台,销售金额共计 175 万元。

图 8-3-1　中国航天纪念钞和百年北钞纪念券上的校验号码

第四节　小结

一直以来,中国印钞造币总公司坚持创新引领发展战略,形成以产品为导向、以技术为支撑、以大生产为落脚点的创新体系,充分发挥科技在印制行业高质量发展中的核心支撑作用,努力实现优势领域、关键技术的突破,为建设具有全球竞争力的世界一流企业奠定技术基础。

未来,中国印钞造币总公司将坚持以市场需求为导向,做好研发与服务,为整个货币的生命周期做好技术支持,建立真正适合印制行业转型发展的科技管理体系与研发体系。进一步加大科技投入,坚持以产品为导向,以"持币人易于识别、造假者难以伪造"为目的,让人民币在世界货币和全球经济金融中首屈一指,完美诠释中国的大国形象和国际地位,为其成为具备国际领先地位和世界一流水准的国际化钞票而不懈奋斗。

结束语

从18世纪的蒸汽机、19世纪的电力、20世纪的互联网，到21世纪的人工智能，这些划时代的通用技术，改变着众多行业，成为时代深刻的印记。银行业信息化建设，正顺应于时代的大潮，以改革和创新的态势，快节奏地推动着商业银行自身的变革，促进了银行业在服务理念、经营模式、产品创新等方面的转型发展，在为社会和大众的服务中发挥着重要的作用和影响。

从国际国内经济金融形势上来看，我国经济社会虽然保持平稳健康发展，但国际经济仍处于缓慢复苏过程中，国内经济金融稳定运行的基础还不牢固，经济下行压力较大，商业银行不良贷款余额和不良率"双升"，金融产品创新无序发展等风险值得关注。在这种形势下，中国银行业以金融科技为抓手，积极推动信息化建设，努力克服不利因素，在服务国家战略、支撑实体经济、夯实自身基础、谋求转型发展方面取得了一系列的丰硕成果。

展望未来，金融科技发展迅猛，人工智能、区块链、大数据、云计算等技术发展日新月异，科技与金融加速融合，不断形成新的业态。银行业将继续推动新技术的应用，主动适应和拥抱金融科技，持续跟进金融科技发展趋势，通过开展金融科技新技术在金融行业的应用，促进业务创新发展。一是积极推进区块链技术应用研究。

区块链技术的本质是去中心化、分布式记账,目前还处于探索阶段,但对金融领域的基础设施和体系架构具有颠覆性的影响力,银行业需加强区块链技术基础研究,探索区块链技术在金融领域的应用。二是借助人工智能技术,推动银行服务的智能化,发展智能客服、智能投资顾问、智能风控等应用。采用基于人工智能技术的用户语音识别、人脸识别、图像识别技术将有效提升用户体验和工作效率。基于人工智能技术的智能投顾服务比传统的投资顾问更加理性、高效,可以低成本为客户提供专业的资产配置服务,未来的发展前景广阔。三是继续深入开展大数据技术应用创新。探索金融与政府、医疗、教育等领域的数据共享模式,提升金融公共服务能力。结合银行业自身实际,基于大数据分析,进行客户画像,精准挖掘客户需求,助力业务发展和业务模式创新。四是推进云计算技术应用研究。拓展"云服务"的应用领域,探索基于"云服务"平台的风控、征信、反洗钱等行业公共服务应用,提升金融服务能力。建设"金融同业云服务"平台,面向金融同业特别是中小金融机构提供云服务,提高行业资源使用效率。

  金融科技技术的使用也会继续促进银行业信息科技管理模式的创新,不断提升银行内部生产、运营的自动化、智能化水平,运用场景驱动、敏捷开发等新模式,探索能够快速响应客户需求的产品研发模式,提升产品创新速度和创新能力。未来,金融安全也面临着新的挑战。银行业信息系统业务覆盖率、复杂度持续提升,金融风险防控面临更大挑战。随着新技术的应用,银行业风险防控能力会不断加强,信息系统安全生产和网络安全防护能力将不断提高。

  随之而来,国家发展战略和宏观经济环境对银行业也会提出新的要求，银行业需要不断调整经营战略和发展思路，运用信息技术创新业务模式、创新服务流程，通过直销银行、社区银行、手机银行、金融服务终端等渠道，服务民生，不断扩大基础金融服务的覆盖面，通过引进人工智能、区块链、大数据等技术，积极运用大数据客户画像、小微信用贷款、线上线下联动等方式，提升金融服务的便利性，提升金融服务效率，改善和提升客户体验，更好地发展普惠金融和智慧金融，支持"一带一路"建设、京津冀协同发展、支持"三农"等国家发展战略。

未来，更多的新技术将会应用于银行服务，更多的信息化创新将会在银行业中得到应用和推广，银行业将不断融合金融和科技，通过对金融科技的引领和创新，促进自身转型发展和业务创新，不断提高金融服务质量，更好地服务实体经济。

后 记

《银行业信息化年度成果报告（2017）》一书是年度前沿科技研究成果实践经验和思想见解的载体，凝聚了各相关部门和专家的心血，打造了行业内外技术共享与交流的窗口，相互启发、互相激励、不断提高；也见证了中国银行业信息化发展的不凡历程。

本书的顺利编著，得益于中国人民银行领导的高度重视。范一飞副行长亲自为本书做指导；科技司巡视员杨竑担任编委会主编，编委会还邀请了各大商业银行的领导组成咨询委员会，进行全程指导和支持。

本书在吸收和借鉴国内优秀的科技成果的同时，还广泛参考了相关技术材料，经编写组共同研究、编写、修改后形成。特别感谢中国农业银行在编撰方面给予的大力支持，同时也感谢中国工商银行、中国银行、中国建设银行、交通银行、国家开发银行、中信银行、光大银行、华夏银行、中国印钞造币总公司的参与。本书成稿后，我们分别发往内容相关机构征求了审稿意见，并根据意见进行了认真修改完善，在此表示衷心的感谢！

囿于编者的学识和能力，书中难免存有疏漏和错讹，敬请各界专家和广大学者提出批评和改进意见，助力我们不断完善。

本书编写组
2018 年 10 月